gutes leben

bene!

Meinen Freundinnen und Freunden gewidmet.
Danke für Eure Begleitung!

Margot Käßmann

Freundschaft,
die uns im Leben trägt

Mit Illustrationen
von Sarah Wiesner

Inhalt

Zu Beginn … das Beste!

Ein Freund, ein guter Freund
Das ist das Beste, was es gibt auf der Welt

Ein Freund bleibt immer Freund
Und wenn die ganze Welt zusammenfällt

Drum sei auch nie betrübt
Wenn dein Schatz dich nicht mehr liebt

Ein Freund, ein guter Freund
Das ist der größte Schatz, den's gibt[1]

So singen die Comedian Harmonists in ihrem berühmten Lied. Wenn ich es höre, denke ich an den Film mit Heinz Rühmann: *Die Drei von der Tankstelle.* Da unser Vater in Stadtallendorf eine Tankstelle betrieb, wurden meine beiden Schwestern und ich als Kinder manchmal scherzhaft so genannt – »… ja, die drei …«.

Der Film erschien 1930 und das von Werner Richard Heymann geschriebene Lied wurde schnell zu einem weithin bekannten Schlager, es ist fast so etwas wie ein Volkslied geworden. Und irgendwie ist der Text ja auch Jahrzehnte später und in einer stark veränderten Welt tröstlich. Wenn alles unterzugehen scheint, wenn die große Liebe zerbricht – Freund oder Freundin bleiben. Sie sind für dich da. Das entspricht meiner persönlichen Lebenserfahrung, aber auch ganz objektiv der Analyse von Therapeuten.

Eine Freundin oder einen Freund zu haben, das tut so gut, in Zeiten, die uns verunsichern. Vieles, was lange Zeit galt, scheint zunehmend aus den Fugen zu geraten. Wir machen uns Sorgen, weil so vieles bedroht ist, was uns wichtig ist: die Umwelt, das Klima, die soziale Gerechtigkeit oder der eigene Arbeitsplatz.

Meine Generation war sicher: Es werden nie wieder deutsche Soldaten in den Krieg ziehen. Heute haben wir Angst, wenn wir die Konflikte der Welt sehen, an denen unser Land beteiligt ist. Mitte der 80er-Jahre dachten wir: Armut kann überwunden werden! Heute geht die Schere zwischen Armen und Reichen selbst in unserem eigenen Land auseinander. Ich war überzeugt, Antisemitismus, Rassismus, nationalsozialistische Ideologie sind in Deutschland für immer überwunden. Heute erleben wir, dass Juden angegriffen werden, Menschen ohne Scham andere diskriminieren und Neonazis aufmarschieren. Und die »Fridays for Future Kids« machen uns sehr deutlich, wie gefährdet unser Ökosystem ist, von dem und mit dem wir leben.

In solchen Zeiten sind tragende Beziehungen, Freundschaften besonders wichtig. Und mit Blick auf zunehmende Altersarmut in Zeiten, in denen Familien generell kleiner werden und Paarbeziehungen angesichts der Ansprüche auf ein gelingendes Leben oft überfordert sind – da überdauern Freundschaften manches Mal die Brüche der Lebensläufe.

Damit die Seele gesund bleibt

Wenn laut einer aktuellen Studie des Instituts der Deutschen Wirtschaft fast zehn Prozent der Menschen in unserem Land so einsam sind, dass sie nur einmal im Monat oder noch seltener ein persönliches Gespräch führen, ist das doch ein Trauerspiel. Eine weitere Studie im Auftrag der Organisation Care-Ship[2] zeigt auf, dass 68 Prozent der Menschen, die einsam sind, sich dafür auch noch schämen. Jeder vierte von ihnen hat keinen Kontakt zu den eigenen Kindern. Das ist besonders schlimm, finde ich. 33 Prozent der allein lebenden Senioren schauen mehr als vier Stunden täglich Fernsehen, 37 Prozent erklären, es sich nicht leisten zu können, aktiv am gesellschaftlichen Leben teilzunehmen. Genau da können Menschen aber doch vorbauen, indem sie außerfamiliäre Beziehungen frühzeitig pflegen! Wir brauchen Freundschaften, damit unsere Seele gesund bleibt. Und es ist gut, wenn wir uns darum mühen, Freundschaften zu pflegen.

Freundschaften prägen uns oft ebenso stark wie die Eltern-, die Geschwister- oder die Paarbeziehung. Manche haben das Glück, ihr Leben lang einen guten Draht zu ihrer Familie und ihren Geschwistern zu haben. Dass es in meiner Familie so ist, dafür bin ich dankbar!

Aber viele berichten auch, dass der Kontakt zu den eigenen Geschwistern in der Lebensmitte leider ziemlich dünn geworden ist. Ihre Freundinnen sehen manche öfter als ihre eigene Schwester. Woher kommt das? Und was ist eigentlich Freundschaft dem Wesen nach?

Eine wissenschaftliche Definition hilft an dieser Stelle nicht wirklich weiter. Jeder Mensch hat seine eigene Geschichte mit dem Begriff Freundschaft. Wahrscheinlich lässt sich davon am besten erzählen. Würden Sie als Leserin oder Leser mir bei einer Tasse Kaffee oder Tee gegenübersitzen, wir wären schnell im Gespräch, davon bin ich überzeugt. Und so erzähle ich in diesem Buch von Freundschaftserfahrungen, den guten und den weniger guten, den gelingenden und denen, die auch mal unterbrochen sind – oder sogar leider für immer abbrechen.

Ich bin sehr, sehr dankbar für Freundinnen und Freunde, die mich im Leben begleitet haben. Manche nur eine Etappe, andere seit Jahrzehnten. Das ist ein kostbarer Schatz. Je älter ich werde, desto mehr weiß ich das zu würdigen.

Distanz und Nähe, beides kann gut funktionieren

Freundschaft kommt auf sehr verschiede Weise daher. Manche Freundinnen und Freunde sind ganz regelmäßig im Kontakt, andere nur von Zeit zu Zeit. Aber irgendwie funktioniert es dann doch, auch über die Distanz.

Viele Freundschaften verlaufen zum Glück sehr harmonisch, andere sind auch von Auseinandersetzungen geprägt. Die Reibung im Gespräch, das Abwägen für und wider – es tut uns durchaus gut, weil wir das Gegenüber als Korrektiv brauchen. Was für ein Geschenk, wenn es eine Freundin gibt, die uns derart wertschätzt, dass sie auch bereit ist, uns mit den unangenehmen Dingen, unseren Schattenseiten zu konfrontieren. Die uns auf den Zahn fühlt, den wunden Punkt anspricht, gerade weil wir ihr wichtig sind. Jemanden, der uns zutraut, dass wir uns hinterfragen lassen, sich wünscht, dass wir glücklich sind. Wenn andere uns nur stets applaudieren und uns damit bestätigen, ist Stillstand angesagt. Zu einer Freundschaft gehört, dass wir uns auch mal kritisch sehen, uns zumuten, Fragen zu stellen, weil wir die Freiheit haben, uns zu verändern.

Frauenfreundschaften sind sicher anders als Männerfreundschaften. Aber sie alle sind ein Gewebe, in dem wir uns neben der eigenen Familie geborgen und gehalten fühlen dürfen.

Meine Freundinnen (von denen gibt es zum Glück viele!) und Freunde (von denen gibt es deutlich weniger und darüber wird noch zu reden sein) kommen alle in diesem Buch vor.

Wenn ich das Miteinander über die Jahre in den Blick nehme, stelle ich fest, dass sich manches Mal Erstaunliches ergeben und entwickelt hat. Wir sind alle im Laufe der Jahre und Jahrzehnte nicht stehen geblieben. Wie gut!

Manche Fäden der Verbundenheit sind dabei leider dünner geworden. Und manchmal ahnen wir das. Ein Freund sagte mir, als ich in Ruhestand ging: »Ich hoffe, dass wir uns nicht ganz aus den Augen verlieren.« Das hoffe ich auch, aber es könnte sein, dass es dennoch so kommt. Das wissen wir beide. Unsere Lebenswelten sind einfach anders geworden, wir laufen uns nicht mehr regelmäßig über den Weg wie in früheren Jahren. Mit anderen Menschen fühle ich mich nach wie vor eng verbunden, selbst wenn uns inzwischen oft viele Hundert Kilometer voneinander trennen. Wir sehen uns nur einmal im Jahr und können doch wieder direkt an das anknüpfen, was uns schon immer verbunden hat. Wir kennen einander so gut, dass es uns nicht schwerfällt, achtsam miteinander umzugehen. Ein Lächeln, ein gutes Wort, eine vertrauensvolle Geste – und schon sind wir wieder ganz beieinander, auch wenn seit dem letzten Treffen sehr viel Zeit verstrichen ist.

In anderen Fällen ist die räumliche Distanz leider auch mit einer inneren Entfremdung einhergegangen. Wir haben einander einfach nur noch wenig oder gar nichts zu sagen, verstehen einander nicht mehr.

Manchmal ist uns auch der Tod dazwischengekommen. Einige Freundinnen und Freunde sind allzu früh verstorben. Dabei hätten wir so gerne weiterhin Zeit miteinander verbracht. Es bleibt die Erinnerung an viele gute, gemeinsame Momente und ein Getragensein.

Ich denke sehr gern an alle meine Freundinnen und Freunde. Freundschaften geben Halt, weil sie von tiefem Vertrauen geprägt sind.

Immer wieder einmal habe ich darüber nachgedacht, dass es eigentlich auch eine Theologie der Freundschaft geben müsste. Denn Gott ist der Ursprung allen Miteinanders, tritt in Beziehung mit uns Menschen. Gott weiß, wie sehr wir eines Gegenübers bedürfen und stellt uns andere Menschen an die Seite, die uns guttun.

Einmal habe ich diesen Gedanken in einem Interview für das ZEIT-Magazin unter der Überschrift: *Das hat mich gerettet*[3] geteilt. Ja – in der Tat – Freundschaften waren in meinem Leben immer wieder entscheidend wichtig. So entstand die Idee, dieses Buch zu schreiben.

Einen Menschen wissen,
der dich ganz versteht,
der in Bitternissen
immer zu dir steht,
der auch deine Schwächen liebt
weil du bist sein;
dann mag alles brechen
du bist nie allein.

Marie von Ebner-Eschenbach

Vertrauen muss wachsen,
Freundschaft braucht Zeit

Wie lässt sich am besten über Freundschaft schreiben? Indem über Erfahrungen der Freundschaft erzählt wird. So will ich beginnen, in dem ich von meiner ältesten und längsten Freundschaft erzähle. Almut, meine Freundin, ist einverstanden und hat – wie alle anderen, die namentlich genannt werden – gegengelesen, was ich schreibe. Vertrauen ist eine Grundvoraussetzung von Freundschaft. Deshalb würde ich nie schreiben, was andere lieber nicht über sich lesen möchten.

Vertrauen sich zwei Menschen in einer Freundschaft Privates an, sprechen sie ja auch über Situationen, die ihnen selbst unangenehm oder peinlich sind und die sie vor der Öffentlichkeit verborgen wissen wollen. Dann müssen sie sich absolut darauf verlassen können, dass dies mit großem Respekt behandelt wird. Mehr noch: mit höchster Diskretion – selbst in dem Fall, dass eine Freundschaft irgendwann endet. Mich hat immer irritiert, wenn ehemalige Freundinnen oder auch Paare Privates öffentlich machen, nachdem die Beziehung beendet ist. Das bleibt auch dann ein eklatanter Vertrauensbruch. Und es sagt viel über die Person aus, die ihn begeht. Vertrauenswürdig ist sie jedenfalls nicht!

Almut und ich kennen uns seit der Geburt meiner Zwillingstöchter 1986. Damals lebten wir beide in zwei kleinen hessischen Dörfern, die per Fußweg untereinander verbunden sind. Sie hatte mich als Pfarrerin im Gottesdienst erlebt, fand meine Predigt interessant und sprach mich darauf an. Spontan lud sie mich zu einer kleinen Gartenparty ein, obwohl sie sonst alles andere als spontan ist. Sie und ihr Mann und feierten im Sommer ein Fest, um ihre beiden Geburtstage vom Februar und April mit ihren Familien, Freunden und Bekannten zu begehen.

Wir waren damals als Familie neu nach Spieskappel, einen kleinen Ort im nordhessischen Schwalm-Eder-Kreis gezogen, und ich fühlte mich auf dem Land ehrlich gesagt ziemlich unwohl. Dabei ging es nicht um die Möglichkeiten, die ich gegenüber der Stadt vermisste. Ich hatte damals ohnehin wenig freie Zeit, und an Kinobesuche, Theaterabende, Einkaufsbummel und anderes war vorerst kaum zu denken, denn meine drei Kinder forderten nahezu alle Kräfte. Es ging also nicht um Einschränkungen, die sich allein durch räumliche Gegebenheiten ergaben. Das Unwohlsein hatte andere Gründe.

Manches war mir vorher schlicht nicht bewusst gewesen, denn in einem so kleinen Dorf hatte ich zuvor noch nie gelebt. Vieles war anders als gewohnt und ich merkte vor allem schnell, dass wir als zugezogene Familie, noch dazu als Pfarrfamilie, nun wie auf dem Präsentierteller lebten. Eine Vielzahl von Menschen schien wahrzunehmen, wohin ich ging, wo ich länger blieb, was ich sagte und tat – und was nicht. Quasi unter ständiger Beobachtung zu stehen, das fand ich jedenfalls anstrengend. Und dass ich bei all dem selbst auch Pfarrerin war, passte scheinbar irgendwie gar nicht in die Tradition vor Ort. Es war bislang einfach nicht vorgekommen, und es schien für manche deswegen zunächst auch undenkbar zu sein. Das passte nicht zur Erfahrung mit dem klassischen Typ Pfarrfrau, die ihrem Mann den Rücken freihielt, sich vielleicht darum kümmerte, den Kindergottesdienst mit vorzubereiten, Essen zu richten, den Gemeindesaal zu schmücken, Blumen zu besorgen. Aber Theologie studieren, als Frau auf der Kanzel zu stehen, sich manchen Konventionen augenscheinlich nicht beugen zu wollen – an ein derartiges, neues Rollenverständnis mussten sich einige erst gewöhnen.

Zum tieferen Nachdenken über solche Fragen und zur aktiven Veränderung fehlte mir dann aber doch die Zeit. Schließlich gab es unsere drei kleinen Kinder, noch dazu neugeborene Zwillinge – wer so etwas selbst erlebt hat, weiß, wovon ich spreche. Zeitweilig war ich jedenfalls völlig ausgelaugt. Wenn der Tag vorbei war, fiel ich todmüde ins Bett, um dann öfters nachts doch noch einmal aufzustehen, um nach einem schreienden Kind zu schauen. Und manches Mal war die Nacht um halb fünf vorbei – alle jungen Eltern kennen die Erschöpfungszustände, die das mit sich bringt, denke ich.

Eigentlich war also keine Zeit für irgendwelche Ablenkungen. Aber über die Einladung von Almut habe ich mich natürlich sehr gefreut.

Ich sehe mich noch den großen Kinderwagen den kleinen Hügel hinauf nach Ebersdorf schieben, die älteste Tochter hüpfte nebenher. Der Nachmittag mit Almut und Thomas hatte etwas sehr Belebendes. Hier waren Menschen zusammen, die offensichtlich ähnlich dachten wie ich. Und die Vorstellungen vom Leben hatten, die ich teilen konnte. Spontan habe ich mich wohlgefühlt, ganz entspannt, überhaupt nicht gefordert, eine Rolle wahrzunehmen. Ich war Teil eines schönen und völlig ungezwungenen Nachmittags im Garten und habe den Freiraum sehr genossen.

Almut hat eine Tochter, die ein Jahr jünger ist als meine älteste – und die beiden spielten gut zusammen.

Wir Frauen haben uns danach einander zunehmend angenähert, alles sehr behutsam. Es gab Einladungen hin und her, erst zu einer Tasse Kaffee, dann zum Spaziergang oder zum Abendessen. Die Gespräche vertieften sich.

Manchmal hatten wir beide nach einem Treffen das Gefühl: Das habe ich vorhin falsch ausgedrückt, vielleicht kam es merkwürdig an, was ich gesagt habe. Mal war die eine verunsichert, mal die andere. Dann haben wir telefoniert, um das zu klären. Es sollte nichts zwischen uns stehen.

Es hat Jahre gebraucht, bis das Vertrauensfundament vorhanden war, das unsere Freundschaft bis heute trägt. Denn du fragst dich ja: Kann ich das jetzt wirklich meiner Freundin anvertrauen, ist es bei ihr sicher? Oder wird sie es dem Nächstbesten weitererzählen und mich damit bloßstellen?

Und wie kommt das, was ich zu sagen habe, überhaupt bei meinem Gegenüber an? Empfindet sie es vielleicht so, als ob ich mich in etwas verrannt habe? Stößt sie mein Handeln eventuell sogar vor den Kopf? Das wollte ich keinesfalls.

Gute Freundschaft braucht Zeit. Unsere dauert inzwischen 33 Jahre und ich kann sagen, dass ich Almut blind vertraue und ihr auch alles erzähle, was mich bewegt. Es gibt keinen anderen Menschen, der mich derart gut kennt und so viel über mich weiß. Aber es ist nicht so, dass wir keine Konflikte haben, Beziehungen ohne Spannungen gibt es wohl nicht. Doch wir haben gelernt, offen darüber zu reden, wenn sie auftauchen – ohne Angst, dadurch die Freundschaft aufs Spiel zu setzen.

In einer guten Freundschaft brauchst du dich auch nicht für die Fehler in deinem Leben zu schämen, weil klar ist, dass jeder Mensch welche macht. Und in einer guten Freundschaft kann jede über sich selbst lachen – ebenso wie über die andere –, ohne dass es wehtut.

Unsere jahrzehntelange, intensive Verbindung hat für mein Leben und für Almuts Leben eine große Bedeutung. Einerseits sind wir beide sehr verschieden. Almut ist überlegt, zurückhaltend, durchdenkt die Dinge intensiv, bevor sie handelt. Sie ist Therapeutin und geht den Fragen auf den Grund, sieht Zusammenhänge, die ich gar nicht erkenne. Ich bin eher impulsiv und spontan und muss dann manches Mal zurückrudern, weil ich zu schnell gehandelt habe. Darüber können wir auch meistens miteinander lachen. Das ergänzt sich gut!

Aber es kann auch zu Spannungen führen.

Zusammen haben wir schon vieles erlebt, woran wir uns gern mit einem Lachen erinnern. Und solche gemeinsamen Erinnerungen gehören ja zu einer Freundschaft dazu. Da erzählen sich zwei Menschen bestimmte Geschichten immer wieder. An einem 1. Mai waren wir beispielsweise fest entschlossen, mit unseren Kindern einen Ausflug zu unternehmen. Unsere Ehemänner haben abgewunken: Es schüttet in Strömen, was für ein Unsinn! Aber stur wie wir waren, haben wir damals fünf Mädels in einen Bollerwagen gesetzt, Saft, Kaffee und Kekse dazugepackt und los ging es. Im Nu waren wir klitschnass, aber es war uns irgendwie egal. Da begegnete uns im Wald ein Landwirt und sagte: »Ihr zwei Weiber habt sie ja wirklich nicht alle!« Das werde ich nie vergessen, weil es einfach nur komisch war.

Ein anderes Mal waren wir mit beiden Familien zusammen im Urlaub, in der Normandie. Almuts Mann Thomas und ich nahmen die Mädels mit an den Strand, um seiner Frau und meinem Mann einen kinderfreien Nachmittag zu gönnen. Als wir mit fünf Mädchen an den Strand kamen, ich zudem hochschwanger, begleiteten uns mitleidige, geradezu erschütternde Blicke – vermutlich dachten die meisten Beobachter: Sechs Kinder, wissen die denn nicht, wie man verhütet?

Jahre später sind Almut und ich für eine Woche in die Türkei geflogen. Wir haben gemeinsam Urlaub gemacht und jeden Tag Rafik Schami gelesen, *Die dunkle Seite der Liebe.* Nebeneinander lagen wir im Garten des Hotels auf Liegestühlen, jede das gleiche Buch in der Hand. Da kam ich auf einmal an eine Textpassage, die derart lustig war – es geht um Sexualität und einen Sesamkringel –, dass ich laut losgeprustet habe. Almut schaute mich schief von der Seite an. Fünf Minuten später kam sie an dieselbe Stelle und konnte sich dann auch kaum beherrschen. Vor allem, weil sie ja nun auch wusste, weshalb ich kurz zuvor derart fröhlich war … Wir haben zusammen Tränen gelacht. Heute braucht nur eine von uns »Sesamkringel« zu sagen, und schon ist die Sache klar. Zusammen lachen können, auch das macht Freundschaft aus.

Als ich Studienleiterin an der Akademie Hofgeismar war, gehörte auch die Kinderakademie zu meinen Aufgabenfeldern. Oft war Almut mit ihrer Familie bei den Wochenenden für Familien dabei. Einmal fuhren wir zur Sommerfreizeit nach Schweden. Für mich war es Arbeitszeit, gleichzeitig aber auch ein wenig wie Urlaub, schließlich konnte meine Familie mitkommen. Mein Mann war allerdings kurz zuvor für ein Friedensprojekt nach Bosnien gefahren und wollte später nachkommen. Ich fuhr, im Konvoi mit Almut und deren Familie, einen kleinen Transporter der Akademie. Darin saßen fünf Kinder, meine vier und Almuts Neffe. Außerdem hatte ich reichlich Gepäck, Verpflegung und vor allem Spielmaterial geladen.

Als wir in Schweden von der Fähre fuhren, wurde ein einziges Auto angehalten: meins. Und der Zöllner stellte kalt lächelnd fest: Die Kinderpässe meiner Zwillingstöchter waren abgelaufen. So musste ich rechts rausfahren, es gab eine Befragung und dann hieß es, ich dürfte so nicht einreisen. Ich hatte zuvor keinen Gedanken daran verschwendet, dass gültige Dokumente überhaupt notwendig wären, um nach Schweden zu kommen. Jetzt steckten wir im Schlamassel.

Die einzige Möglichkeit war, im deutschen Konsulat in Göteborg Ersatzpässe zu besorgen und diese zur Bestätigung vorzulegen. Gesagt, getan. Unser kleiner Konvoi setzte sich in Bewegung, und wir suchten – damals noch ohne Navi – in Göteborg das Generalkonsulat.

Alle, die schon einmal ohne Ortskenntnisse in einem fremden Land mit einem fremden Auto durch enge Straßen gekurvt sind, wissen, was das bedeutet. Endlich fanden wir die richtige Straße, dann einen Parkplatz. In einem benachbarten Café ließen Thomas und ich Almut mit sieben (!) Kindern zurück. Wir ahnten noch nicht, was nun kam. Es wurde nochmals richtig spannend, denn im Konsulat richtete eine strenge Dame, nachdem ich mein Anliegen vorgebracht hatte, eine Frage an meinen Begleiter Thomas: »Sind Sie der Vater?«

Ich antwortete für ihn: »Nein, das ist ein Freund.« Die Dame: »Aha, ein Freund. Und wo ist Ihr Mann?« Ich konnte sehen, wie es hinter ihrer Stirn arbeitete, sagte aber jetzt schlicht die Wahrheit: »In Bosnien.«

»Aha, in Bosnien. Wir können die Pässe ihrer Kinder aber nur mit schriftlichem Einverständnis ihres Ehemannes verlängern!«

Wir steckten offensichtlich in einer Sackgasse. Und ich war kurz vor den Tränen. Thomas hingegen blieb äußerlich gelassen und bestand darauf, den Vorgesetzten zu sprechen.

Wir haben dann letztlich doch noch eine Lösung gefunden. Aber das steht auf einem anderen Blatt und ist eine längere Geschichte. Wichtiger ist die Quintessenz dieser Begebenheit, die Almut und ich nie vergessen werden: Freundschaft heißt auch immer wieder, Herausforderungen gemeinsam zu bewältigen. Und wohl auch: ein Geheimnis miteinander bewahren …

Zusammen verreisen ist ein besonderes Thema. Es vertieft im besten Fall die freundschaftliche Beziehung, schafft gemeinsame Erinnerungen. Aber es kann auch zu Konflikten führen. Es heißt ja, Urlaub sei »Familienleben unter erschwerten Bedingungen«. Das kann auch für Freundschaften gelten. Du musst Schwierigkeiten durchstehen, dich gegenseitig auf engstem Raum mit den jeweiligen Macken aushalten. Es gilt Probleme auszuhalten, die bei kurzen Treffen gar nicht so sichtbar waren. Und du bist oftmals im Urlaub, vor allem in fremden Ländern, aufeinander angewiesen. Aber genau solche Erfahrungen vertiefen Freundschaft auch!

Ich kenne zwei Männer, die noch heute mit 60 von der gemeinsamen Interrailtour ihrer Jugend erzählen. Interessant dabei ist, dass ihre Erinnerungen manchmal sehr unterschiedlich sind – aber auch das gehört wohl dazu. Wenn wir etwas gemeinsam erleben, heißt es nicht, dass wir es genau gleich wahrnehmen oder eben erinnern.

Almut und ich haben viele Reisen unternommen – mit unseren Familien, aber auch zu zweit. In einem Sommer hatten wir geplant, zusammen nach Frankreich zu fahren: sie mit ihrer jüngsten Tochter und ich mit meiner Jüngsten, die Almuts Patenkind ist. Aber dann wollten meine Zwillingstöchter plötzlich auch noch unbedingt mitfahren – und eine Freundin von ihnen sollte zusätzlich dabei sein, so ihr Wunsch. Ich habe natürlich, spontan wie ich bin, direkt zugesagt: »Das ist überhaupt kein Problem, das Auto ist groß genug.«

Almut hat schwer geschluckt, ich habe sie damit völlig überrumpelt.

Dann habe ich kurz überlegt und am Telefon gesagt, dass es von Hannover aus sicher besser wäre, über Köln statt über Frankfurt zu fahren. Wie so oft war ich auch in diesem Punkt zu schnell und spontan. Aber da hat es Almut echt gereicht. Sie war von meinen Planänderungen vollkommen genervt und kurz davor die gesamte Reise abzusagen. Es hat etwas gedauert, bis ich das begriffen habe. Dann bin ich doch mit meinen Mädels im Auto über Frankfurt gefahren und habe Almut und ihre Tochter wie verabredet an der A7 abgeholt.

Als wir in Frankreich waren, rief meine älteste Tochter an. Sie und ihr Freund waren gerade in Italien unterwegs. Sie erzählte, dass sie fast kein Geld mehr hätten und deshalb gerne zu uns kommen würden. Was sollte ich da sagen? Ich dachte nicht lange nach und sagte direkt zu.

Almuts konnte es kaum glauben, als ich ihr davon berichtete. »Du hast was …?«

Sie war mit ihrer Geduld langsam am Ende, aber nun war auch nichts mehr zu ändern. Die beiden Italienreisenden ohne Geld trafen bald darauf tatsächlich ein, das Ferienhaus war mehr als voll und aus dem ursprünglich geplanten, ruhigen Urlaub zu viert wurde eine turbulente Woche.

Almut kann diese Geschichte jedes Mal aufs Neue mit einer derartigen Ironie erzählen, dass ich laut lachen muss. Mit jedem Satz nimmt die Geschichte weiter Fahrt auf.

Damals war uns beiden überhaupt nicht zum Lachen, als wir versuchten trotz all dem Trubel doch noch etwas Erholung zu finden. Und ich muss gestehen: Es hat sich wiederholt. Als Almut und ich langfristig ein ruhiges Wochenende zu zweit auf Usedom geplant hatten, gesellten sich nach und nach meine Töchter mit ihren Familien dazu. Inzwischen meint sie: »Ist ja nicht neu für mich. Bei deiner Familie kannst du nicht Nein sagen!«

Ich bin dankbar, dass sie das mit Humor trägt.

Voneinander lernen

Geschichten miteinander teilen, *eine gemeinsame Geschichte* zu haben, das macht Freundschaft in ihrem Wesen aus. Aber es geht auch darum, voneinander und miteinander zu lernen. Von Almut kann ich lernen, manches im Vorfeld besser in Ruhe zu bedenken und erst dann zu entscheiden. Und sie kann sich inzwischen eher auf eine ungeplante, vielleicht total spontane Unternehmung einlassen, die sich unvorhergesehen ergibt.

Aber bis heute habe ich ein schlechtes Gewissen, wenn ich an die gemeinsame Zeit in Frankreich denke. Am Ende war es für Almut alles andere als lustig, und ich hätte sie damals nicht derart überfahren dürfen.

Es braucht Respekt vor der unterschiedlichen Wahrnehmung oder Belastbarkeit des anderen. Eine getroffene Verabredung darf nicht einseitig aufgekündigt und die gemeinsame Planung massiv verändert werden, ohne dies vorher in Ruhe miteinander zu besprechen und ohne zu fragen, ob es der anderen recht ist.

Almut war zwar in der Situation ziemlich genervt, hat mir aber das Chaos, das ich verursacht hatte, zum Glück schon bald verziehen. Sie wusste ja, dass ich es nicht böse gemeint, sondern nur zu wenig über die Konsequenzen nachgedacht hatte. Und mir ist bewusst, dass ich mit meiner großen Familie so langfristig nicht planen kann. Da ändert sich immer wieder etwas und im Grunde finde ich es gut so. Wichtig ist mir, dass andere darunter nicht leiden.

In manchen Aspekten sind Almut und ich uns aber auch ziemlich ähnlich. Wir kommen beide aus Familien, die nicht akademisch geprägt sind: sie aus der Landwirtschaft, ich aus einem Geschäftshaushalt. Wir haben beide studiert und trotz aller Skepsis unseres Umfeldes promoviert. Das verbindet uns!

Wir haben uns auch gegenseitig gestärkt, wenn es im Dorf mal wieder hieß: »*Das* Margot und *das* Almut glauben wohl, sie sind was Besseres!« Im Hessischen werden Mädchen und Frauen zuweilen als *das* bezeichnet, in anderen Regionen auch als *es*. Seltsam, aber wahr.

Einfach war es nicht, sich in einem solchen Umfeld zu behaupten. Und es tat unwahrscheinlich gut, diese Erfahrung mit Almut teilen zu können. Ich denke, sie hat als Einzige in meinem Umfeld begriffen, was mir die Promotion bedeutet hat. Zum Rigorosum bin ich allein nach Bochum gefahren, meine Mutter hat auf die drei Kinder aufgepasst, mein Mann war auf Konfirmandenfreizeit. Als ich am Nachmittag erleichtert zur Tür hereinkam, gab es vonseiten meiner Mutter einen kurzen, sehr herzlichen Glückwunsch, bevor sie wieder nach Hause musste. Am Abend beglückwünschte mich die Gruppe der jungen Erwachsenen, die in unserem Pfarrhaus regelmäßig zu Treffen zusammenkam. Bei mir gab es ein leichtes Gefühl von Enttäuschung, dass dieser für mich so besondere Tag bei anderen auf so wenig Resonanz stieß.

Als Almut etwa ein Jahr später ihr Rigorosum bestand, wartete ihr Mann mit Rosen und Champagner vor der Tür der Prüfungskommission. Ich habe mich riesig mitgefreut. Aber ich habe sie darum beneidet – auch das darf in einer Freundschaft ganz offen ausgesprochen werden.

Wir wissen einfach beide, was es heißt, als Mutter von kleinen Kindern eine Doktorarbeit zu schreiben. Und das in einem dörflichen Umfeld, das überhaupt nicht nachvollziehen kann, was du da den ganzen Tag am Schreibtisch machst. Es gäbe doch sonst so viel zu tun! Denken, lesen und schreiben erscheint unproduktiv in einem Umfeld, das sichtbare Arbeit leistet – auf dem Feld oder im Stall.

Almut hat in der kostbaren Zeit, die sie sich für ihre Doktorarbeit freigeschaufelt hatte, niemals eine Tante oder eine Nachbarin, die vorbeikam, um bei einem Kaffee ein Schwätzchen zu halten, abgewiesen. Sie brachte es aus Höflichkeit einfach nicht fertig, das abzulehnen. Das »tut man nicht« im dörflichen Miteinander. Das konnte ich nicht verstehen, und habe gesagt: »Stell die Klingel ab!« Auch das gehört zur Freundschaft: die andere nach den eigenen Regeln leben lassen.

Immer wieder haben Almut und ich uns gegenseitig den Rücken gestärkt, aber wir haben uns auch einiges an Kritik und Auseinandersetzung zugemutet. Das tat manchmal weh, aber ich habe immer etwas daraus gelernt. Nie war es dabei eine Frage, ob unsere Freundschaft durch die unterschiedliche Wahrnehmung gefährdet sein könnte.

In Gesprächen mit Almut, die ja eine therapeutische Ausbildung hat, habe ich mich selbst besser verstanden und auch mein Leben als Ganzes einordnen können, weil wir meine Kindheit und die Herkunftsfamilie in den Blick genommen haben. Sie ist geschult darin, Beziehungen und familiäre Konstellationen auf den Grund zu gehen, das bewundere ich.

Schwere Zeiten

Einer der schwersten Momente in unserer Freundschaft, war ein Anruf, bei dem Almut mir schluchzend erzählte, dass ihr Mann Thomas an Krebs erkrankt war. Die Diagnose war absolut beunruhigend. Ich konnte meine Freundin nicht trösten, ich habe mit ihr geweint.

Zusammen weinen können, das Entsetzen auch sprachlos zu teilen – das macht Freundschaft aus. Die kommenden dreizehn Monate waren schwer für Almut. Wir waren viel in Kontakt, auch wenn ich inzwischen mit meiner Familie weiter weg wohnte. Wir haben miteinander telefoniert, ich bin, sooft es ging, zu ihr gefahren.

Thomas hat um sein Leben gekämpft, trotz aller niederschmetternden Diagnosen weiter Pläne gemacht und die Chemotherapien so gut es ging »weggesteckt«.

Almut war vor Angst wie gelähmt, so habe ich es in Erinnerung. Ihre Lebenserfahrung ist: Der Tod bricht immer wieder auf grausame Weise in die Familie ein. Ihre Mutter ist gestorben, als sie elf Jahre alt war. Ihr Vater war kürzlich verstorben. Und nun war klar: Das Leben ihres Mannes steht auf Messers Schneide.

Ich denke rückblickend, dass ihr schon früh klar war, dass es nicht gut ausgeht. Als ich einmal zu Besuch kam, bat sie mich unter vier Augen mit Thomas alles zu besprechen, was es zu besprechen gebe. Sie hat uns dann mit einem Glas Wein auf dem Balkon zurückgelassen. Thomas hat mir an diesem Tag gesagt, dass er sich wünscht, dass ich ihn beerdige.

Das war für mich eine große Herausforderung, und ich wusste zunächst nicht zu sagen, ob ich das überhaupt emotional bewältigen kann. Aber es war sein Wunsch – und ich habe es Thomas schließlich versprochen. Wir haben über die letzten Dinge miteinander geredet. Das war gut, tiefgründig und schwer – und es war mein letztes Gespräch mit ihm.

Einige Tage später rief Almut mich an und sagte, sie habe keine Kraft mehr. Wir haben uns in Kassel getroffen und sind zusammen spazieren gegangen. Almut war sehr, sehr erschöpft.

Den Menschen, den du liebst, mit dem du das Leben weiterhin teilen möchtest, im Abschied zu begleiten – zu wissen, dass der Tod nahe ist –, das ist kaum auszuhalten, zu ertragen. Wir haben geweint, ich habe ihre Hand gehalten, sie in den Arm genommen, mit ihr gesprochen und mit ihr geschwiegen. Aber außer mit ihr zu weinen und die schlimme Situation gemeinsam zu bedenken, konnte ich ihr nicht helfen. Sie konnte auf diese Weise zum Glück kurz aufatmen, Kraft tanken für den letzten Weg.

Wenige Tage später starb Thomas zu Hause im Beisein seiner Frau und seiner Töchter. Er hatte Frieden mit allem geschlossen. Und sie hatten sich gesagt, was zu sagen war. Aber natürlich war der Schmerz riesengroß. Ich bin hingefahren, habe Thomas ausgesegnet und ein paar Tage später beerdigt.

Das waren schwere, schmerzvolle Tage. Mir tat es unendlich leid, so wenig tun zu können, ich habe ja gesehen, wie Almut litt. Und ich habe gleichzeitig bewundert, wie viel Kraft sie in diesen Tagen hatte. Uns beide und auch unsere Töchter verbindet diese gemeinsame Erfahrung des Abschieds von Thomas bis heute.

Für Almut begann danach eine auf andere Weise sehr schwere Zeit. Sie musste lernen, alleine zu leben, sich finanziell komplett auf eigene Füße stellen, zwei Töchter durchs Studium bringen. Sie hat das alles geschafft. Dafür bewundere ich sie.

Einmal schrieb mir Almut: »Ich mag das Maß, wie du mit meinen Gefühlen umgehst! Du hast eine feine Dosierung und übertreibst die Situation nicht.

Ich erinnere mich, als ich dich weinend, schluchzend, sehr verzweifelt angerufen habe – als Nora auszog. Dass du zugehört und mich gebeten hast; zu atmen! Das war gut!

Du bist ruhig geblieben, hast mich verstanden und auf eine gute Art und Weise abgeholt, als du mir sagtest: ›Almut: atme!‹ Das war genau das Richtige, ich hätte kein Mitleidsgesäusel ertragen!

Mit Thomas war es genauso; dein Maß und deine Tiefe waren tragend; ich wusste, dass du das Grundlegende verstehst und ruhig bleibst. Dass du da bist und mir den Weg zutraust. Das ist für mich: Verstehen, Mitgehen und haltgebende Freundschaft! Da stehen die Bedürfnisse des anderen im Mittelpunkt und werden respektiert. Und es gibt Respekt und Zutrauen in die jeweils anderen Bewältigungsmechanismen. Damit hast du mir eine Identität gegeben: Ich traue dir zu, diese schwere Lebenssituation bewältigen zu können!«

Eine Weile habe ich gezögert, ob ich einen derart persönlichen Brief an dieser Stelle mit Ihnen teile. Aber ich habe mich dann doch dazu entschlossen, weil Almut hier viele Aspekte benennt, die es wert sind, mit anderen geteilt zu werden, die auf der Suche nach richtigem Handeln in schweren Situationen und wahrhaftiger Freundschaft sind. Und meine Freundin sieht dies genauso. Ohne ihr *Okay* hätte ich den Auszug aus ihrem Brief auch nicht veröffentlicht.

Einander verstehen

Dass der oder die andere weiß, du verstehst sie – das ist ein sehr wichtiger Aspekt von Freundschaft, finde ich. Dadurch wirst du ermutigt, so wie es uns auch der biblische Psalm zuspricht: »Sei getrost und unverzagt!« (Ps 27,14)

Einander Kraft zu geben in schweren Zeiten, selbstverständlich anwesend sein, wenn die andere dich braucht – das ist eine wichtige Dimension von Freundschaft!

So werde ich Almut nie vergessen, dass sie am Tag meines Rücktritts als EKD-Ratsvorsitzende mit ihrer Tochter Nora nach Hannover kam. Es herrschte damals extreme Anspannung, Journalisten belagerten rund um die Uhr das Wohnhaus meiner Familie. Jede Regung, jeder Satz wurde wahrgenommen und kommentiert. Die meisten Vertrauten und die Kirchenleitung hatten mich gedrängt, im Amt zu bleiben. Aber ich war mir ab einem bestimmen Punkt ganz sicher, was für mich dran war. Und ich zog die Konsequenzen aus meinem Fehler.

Es blieb kaum Zeit, alle notwendigen kirchlichen Stellen zu unterrichten. Auch meine Schwestern und die Freundinnen, die mir Mut gemacht hatten, die Sache durchzustehen, konnte ich nicht so schnell informieren, dass ich mich zum Rücktritt entschieden hatte.

Almut und ich allerdings haben morgens ganz kurz telefoniert. Sie hat die Situation sofort erfasst, alles stehen und liegen lassen und sich auf den Weg nach Hannover gemacht. So war sie pünktlich vor Ort, um mich und meine vier Töchter samt ihrer Tochter Nora zur Pressekonferenz zu begleiten.

Im entscheidenden Moment da sein, ohne viele Fragen zu stellen, das macht Freundschaft aus. Sie war da. Und das tat gut.

Voneinander wissen

Als wir gemeinsam ein Wochenende in meinem Ferienhäuschen auf Usedom verbrachten, erzählte ich Almut, dass ich gerade die Andacht zum 80. Geburtstag meiner Zwillingsonkel vorbereite. Sie fragte nach den verwandtschaftlichen Zusammenhängen und zeichnete dann ein Genogramm, eine bestimmte Art von Familienstammbaum, wie er in der psychologischen Beratungspraxis eingesetzt wird. Das war spannend! Bis zwei Uhr nachts haben wir zusammengesessen. Almut hat eine große Gabe und viel Erfahrung als Therapeutin. Ich bewundere, welche Verbindungen sie sieht. Auch berührt mich oft, wie sie mich in die Familiengeschichte einordnet.

Menschen haben bestimmt Bilder von mir im Kopf. Zum Beispiel ein Bild auf der Kanzel der Marktkirche, bei meiner Weihnachtspredigt als Ratsvorsitzende. Mit einer fröhlichen Kinderschar bei einer Fernsehsendung, bei der Bibelarbeit auf dem Evangelischen Kirchentag oder beim Joggen mit meinem Hund. Vielleicht auch das markante Motiv, auf dem ich die Augen geschlossen habe. Das Magazin DER SPIEGEL gestaltete damit in der Woche vor meinem Rücktritt die Titelseite.

Es sind immer nur Ausschnitte meines Lebens, die andere wahrnehmen, gesehen durch den Blickwinkel des Fotografen oder des Journalisten, der beobachtet und urteilt.

Auch meine Töchter, meine Enkelkinder, andere Verwandte und Freunde haben jeweils eigene Bilder, eine bestimmte Wahrnehmung von mir.

Almut sieht mich ebenfalls durch eine bestimmte »Brille«, sie weiß um meine Stärken und Schwächen, um die Höhen und Tiefen meines Lebens, aber eben auch um meine Herkunft. Sie kennt den Ort, an dem ich aufgewachsen bin, weiß um meine Eltern und deren Geschichte, ebenso um die meiner Geschwister. Um starke Momente, gute Einflüsse, positive Menschen, die mir den Rücken gestärkt haben. Aber auch um die Verletzlichkeiten, Ängste und Sorgen. Rollenbilder, die mich prägen.

Ich staune manches Mal über Almuts besondere Sicht der Ereignisse.

Sie sieht Zusammenhänge, die mir zuvor überhaupt nicht aufgefallen sind. Beispielsweise hat sie mir klargemacht, dass der Verlust der Heimat in Hinterpommern – die für meine Mutter und meine Großeltern und damit auch für mich in meiner Kindheit eine große Rolle spielte – zu einer Grundhaltung führt: Der Mensch muss manchmal aufbrechen, alles hinter sich lassen und neu anfangen – und das kann auch gelingen! Almuts Kindheitserzählung ist ganz anders: Das Haus und das Land müssen festgehalten werden, von Generation zu Generation. Ein Stück Land, das Elternhaus wird auf keinen Fall verkauft!

Mir leuchtet sehr ein, dass solche frühen Erfahrungen ein Leben lang prägend bleiben.

Auch wenn wir die Geschichten der Eltern und Großeltern in unserem heutigen Alltag nicht präsent haben – sie wirken nach. Von einer Generation zur nächsten.

Dank ihrer therapeutischen Erfahrung kann Almut herausfinden, worum es eigentlich geht, wenn wir dieses oder jenes spüren. Warum uns vielleicht ein tiefes Unbehagen beschleicht, sobald die kleinsten Veränderungen anstehen. Oder weshalb wir es vergleichsweise leicht wegstecken können, wenn wir einmal in eine Krise geraten. All dies hat mit unserer frühkindlichen Prägung zu tun, mit den Geschichten hinter der eigenen Geschichte, mit dem Leben unserer Eltern- und Großelterngeneration.

Ein Beispiel: Da nervt mich jemand immer wieder mit seinen Ängsten. Was er vorbringt, finde ich komplett irrational. Ich sehe sein Problem gar nicht. Es geht doch nun wirklich nur um Kleinigkeiten, zumindest aus meiner Sicht. Almut kann sagen, dass dieser Mensch wahrscheinlich am Ende der eigenen Kraft ist, weil ihn permanent vorhandene Ängste an den Rand seiner Möglichkeiten treiben. Oder sie liest im Tagebuch meiner Mutter und sieht Zusammenhänge zu meinem heutigen Verhalten, die ich ohne Almuts Hilfe gar nicht erkannt hätte.

Almut, die selbst einige Ängste hat, ist manchmal erstaunt über meine weitgehende Angstfreiheit. Aber sie weiß auch, wo Angst dann doch nach mir greift. Auch darüber miteinander frei sprechen zu können, das macht Freundschaft aus.

Natürlich sind wir nicht zusammengekommen, um unser Leben zu analysieren und uns darüber auszutauschen. Wir haben immer wieder zusammen viel gelacht, unter anderem über uns selbst.

Bis heute telefonieren Almut und ich jedes Wochenende. Inzwischen fragen wir vorab per WhatsApp, wann dafür der beste Zeitpunkt ist. Wir müssen uns bei unseren Gesprächen nicht auf den Stand der Dinge bringen, wir sind auf Stand. Wir können kritisch und offen miteinander umgehen, für unser Miteinander bin ich ungeheuer dankbar.

Seit über 30 Jahren leben wir in einer wunderbaren, freundschaftlichen Beziehung. Ich habe gelernt: Freundschaft bewährt sich in schwerer Zeit. Und sie ist eine Bereicherung in schönen Zeiten. Freundschaftliche Gespräche vertiefen das Leben. Und ja, wir wachsen aneinander, werden miteinander alt und verändern uns dabei.

Ich bin im Laufe der Jahre sesshafter, ruhiger, gelassener geworden. Almut dagegen ist neuerdings ständig unterwegs. Jetzt ist es ihr Terminkalender, der derart voll ist, dass wir mühsam nach Lücken suchen müssen, um uns zu verabreden. Früher war es umgekehrt und ich hatte kaum freie Zeit. Heute genieße ich die neugewonnene Freiheit!

Und ach, die Töchter! Sechs sind es insgesamt. Ihre jüngere Tochter habe ich getauft, Almut ist Patin meiner Jüngsten. Das verbindet. Wir teilen weiterhin nicht nur das Glück, sondern auch unsere Ängste und Sorgen.

Wie nahe wir uns als Familien stehen, zeigt beispielsweise, dass meine Töchter ganz selbstverständlich Almut und ihre Töchter samt Partnern zu ihren Hochzeiten eingeladen haben. Alle sind auch zu meinem 60. Geburtstag nach Usedom gekommen, zusammen waren wir in der Ostsee schwimmen. Einige Monate später waren wir an Almuts 60. Geburtstag gemeinsam bei einem Konzert von Joan Baez.

Ich habe noch viele andere Freundinnen und Freunde, das ist auch gut so. Aber die Freundschaft zu Almut währt nun schon länger als unser halbes Leben. Wir sind wahrhaftig zusammen durch Dick und Dünn gegangen. Und das ist eine wunderbare Erfahrung.

Familie war und ist für mich ein starker Halt. Aber Freundschaft eben auch, dass sollten wir nicht unterschätzen!

Ich hoffe, mit meinen Freundinnen und Freunden noch viel gemeinsam zu erleben! Miteinander alt werden, und das auch noch spannend zu finden, das macht Freundschaft aus. Und angesichts der Einsamkeit, die ich eingangs thematisiert habe, kann ich nur raten, frühzeitig Freundschaftsbande zu knüpfen.

Freundschaft muss reifen, sie braucht Zeit. Aber wenn wir in sie investieren, trägt sie uns auch im Alter.

Ein Herz laviert nicht

Ich nenne keine Freundschaft heiß,
Die niemals, wenn's ihr unbequem,
Den Freund zu überraschen weiß
Trotzdem.

Denn wenn sie Zeit und Mühe scheut,
Ein Unverhofft zu bringen,
Das einen Freund unendlich freut,
Dann hat sie keine Schwingen.

Den Umfang einer Wolke mißt
Kein Mensch. Weil sie nicht rastet,
Noch ihre Freiheit je vergisst. –
Ich glaube: Keine Wolke ist
Mit Arbeit überlastet.

Joachim Ringelnatz

Eine starke Kraft im Leben

Wie entstehen überhaupt Freundschaften? Und ab wann bezeichnen wir eine Bekannte als Freundin? Eine gute Frage, die sich auch schon Wissenschaftler gestellt haben. Als der Nobelpreisträger und amerikanische Genetiker Jeffrey A. Hall das genauer untersuchte, fand er heraus: Es braucht mindestens 50 gemeinsame Stunden, um sich vom *Bekannten* zum *Freund* zu entwickeln, weitere 90 Stunden, um vom *Freund* zum *guten Freund* zu wechseln und ganze 200 Stunden Beisammensein, damit daraus *beste Freunde* werden. Basis der Untersuchung waren 467 Interviews, darunter 255 Personen, die erst kürzlich umgezogen waren und sich daher einen neuen Freundeskreis aufbauen mussten. Alle Studienteilnehmenden wurden über einen Zeitraum von neun Wochen über ihre Beziehungen und Freundschaften befragt.[4] Das wichtigste Ergebnis der Studie war: Die real verbrachte Zeit war entscheidend! Online-Chats oder Mails hatten kaum bis keinerlei Einfluss. Freunde beziehungsweise beste Freunde müssen also real und physisch Zeit zusammen verbringen, bis daraus so etwas wie Seelenverwandtschaft entsteht.

Deshalb kann ich es schlicht nicht ernst nehmen, wenn eine Frau wie Paris Hilton mithilfe einer MTV-Serie eine neue beste Freundin sucht. Das ist einfach lächerlich und hat mit ernst gemeinter Freundschaft nichts zu tun. Zumal Paris Hilton bereits einen ziemlichen Verschleiß von angeblichen besten Freundinnen hatte, von Nicole Richie über Kim Kardashian bis zu Britney Spears, über die sie nach Bruch der Beziehung alles andere als freundlich gesprochen hat.

Genauso wenig ernst nehmen kann ich, wenn ein Politiker wie der chinesische Präsident Xi Jinping beim Staatsbesuch in Russland erklärt: »Präsident Putin ist mein bester Freund.«[5] Hier geht es vor allem um Macht- und Wirtschaftsinteressen, vielleicht um eine Art eitles Politikgehabe, aber doch nicht um Freundschaft!

Auch durch Medien wie Facebook ist der Freundschaftsbegriff leider inflationär und irgendwie hohl geworden. Dazu später mehr.

Ich habe nichts gegen moderne Kommunikationsmedien einzuwenden, im Gegenteil. Aber auch hier gilt es, das Gute von den negativen Auswüchsen zu trennen.

Freundschaft kann sicher auch über Internet, Facebook oder Instagram entstehen. Aber sie braucht Zeit, um zu wachsen. Freundschaft lebt von echter Begegnung, Nähe, ja auch gemeinsamem Erleben, damit Vertrauen und Verlässlichkeit entstehen.

Sich zwischendurch Briefe und Postkarten zu schicken ist etwas ganz Wunderbares. Wenn ich die Post einer Freundin oder eines Freundes aus dem Postkasten hole, freue ich mich. Wie schön ist doch die gute alte Post!

Ich habe noch viele alte Briefe von früher, von meiner Großmutter, meinen Eltern und Schwestern und auch von Freundinnen und Freunden. Das ist ein großer Schatz, finde ich.

Leider werden es im Laufe der Jahre immer weniger Briefe, die bei mir ankommen – und, das gebe ich zu, auch die Briefe, die ich selbst schreibe.

Es ist so viel einfacher, mal eben eine Nachricht ins Mobiltelefon zu tippen oder eine Mail zu schicken, als sich an den Schreibtisch zu setzen und einen Brief zu formulieren. Allerdings haben ein handschriftlicher Brief oder eine schöne Karte auch eine ganz andere Qualität. Beides signalisiert, dass ich mir Zeit für die andere nehme, dass ich an sie in besonderer Weise denke, weil sie mir wichtig ist.

An Weihnachten schreibe ich bewusst viele Karten, packe liebevoll Päckchen und trage alles zur kleinen Poststelle um die Ecke. Dabei ist die Vorfreude das Beste – der Gedanke daran, wie sich die Adressaten hoffentlich an meiner Post freuen werden. Und immer wieder nehme ich mir vor: Das sollte ich öfter tun, nicht nur zur Weihnachtszeit …

Ja, ich vermisse die alte Briefkultur. Als ich einen Freund nach vielen Jahren wiedertraf, erzählte er mir, er hätte noch die Briefe, die ich ihm Mitte der 70er-Jahre geschrieben habe. Damals waren wir jung verliebt und ich für drei Wochen zum Schüleraustausch in England. Seine Erinnerung war mir fast unangenehm – meine Güte, was habe ich damals geschrieben? Er brachte sie zum nächsten Treffen mit, wir haben sie gelesen, gelacht, aber auch gestaunt über die Ernsthaftigkeit, die wir als Teenager hatten.

Danach habe ich gedacht: Ich hätte doch niemals Briefe von Freunden weggeworfen! So habe ich alte, bislang noch nicht ausgepackte Umzugskartons durchforstet und tatsächlich die Briefe gefunden, die er mir damals geschrieben hat. Er war dann genauso fasziniert davon, zu lesen, was er mir damals anvertraut hat.

Solche Briefe werden die Jüngeren nicht mehr finden. Wir archivieren doch WhatsApps und Mails nicht über Jahrzehnte! Das ist ein echter Verlust. Aber es hilft auch nicht, dem nachzutrauern. Und ich muss ehrlich zugeben, dass auch bei mir die Kommunikation inzwischen hauptsächlich über das Smartphone läuft. Gleichzeitig ist mir bewusst, welche Tücken das hat. Andere könnten mitlesen, Fotos könnten nicht sicher sein. Da ist eine neue Vorsicht, die es bei Briefen früher höchstens gab, wenn befürchtet werden musste, dass sie jemand unbefugt öffnen und lesen könnte.

Gewiss kann eine Freundschaft auch durch Mails und Whats-App-Nachrichten gepflegt werden. Voraussetzung dafür ist

aber, dass Menschen sich gut kennen. Erst die vielen persönlichen Begegnungen sind eine solide Basis, um die neuen Medien dafür zu nutzen, trotz Entfernung weiterhin befreundet
zu sein. Denn Freundschaft entsteht nicht im Vorübergehen,
sondern braucht gemeinsame Gespräche, Unternehmungen,
Raum für Miteinander.

Freundschaft bedeutet in der Tat vor allem Vertrauen. Wenn
ich mich einem anderen Menschen gegenüber öffne, mache
ich mich ja auch verletzbar. Insofern spüren viele am Beginn
einer Freundschaft dieses Risiko: Was, wenn mein Vertrauen
missbraucht wird? Wenn ich jemandem Gefühle oder Geheimnisse anvertraue und diese dann *die Runde machen*.
Dann fühle ich mich lächerlich gemacht und auf gewisse Weise auch entblößt. Insofern sind die ersten Schritte, gerade
wenn wir älter sind, oft von Vorsicht begleitet und von der
Frage: Wie weit will ich mich öffnen?

Freundschaft lebt wie gesagt in jedem Fall vom Erzählen. So
wie ich hier von Freundinnen und Freunden schreibe, sind
wohl alle Freundschaften aufs Erzählen angewiesen. Zunächst
geht es natürlich um unsere Herkunftsgeschichten. Wir erzählen der anderen, wer wir sind und woher wir kommen. Es
ist ein spannender Prozess, wenn einem Gegenüber, das uns
bislang überhaupt noch nicht (richtig) kennt, einen Einblick
in unsere Herkunftsgeschichte geben. Dann stellen sich auf
einmal Fragen, die wir selbst bislang gar nicht hatten. Ein
neuer Blick auf das eigene Leben entsteht.

Dass mich der Verlust meines Vaters, während ich mit 16 im
Auslandsjahr in den USA war, so heftig getroffen hat, habe ich
erst in Gesprächen mit meiner Freundin Almut begriffen. Sie
hat so lange nachgefragt, bis sich die innere Tür, die lange Zeit

verschlossen war, geöffnet hat. Was hatte dafür gesorgt, dass dieser Zugang all die Jahre zuvor verschlossen geblieben war? Ich weiß es nicht genau. Vielleicht war es der nicht überwundene Schmerz, für den es damals nach meiner Rückkehr nach Deutschland keinen richtigen Raum gab. An der Beerdigung meines Vaters hatte ich nicht teilnehmen können. Dann war ich zurück und er nicht mehr da. Die Lücke blieb, sie war schwer zu bewältigen, also habe ich sie erst einmal verdrängt.

Die innere Erzählung jeder Familie hat eigene Regeln. Sie manifestiert meist nur einen Teil des Bildes und nicht den kompletten Sachverhalt. Beim Nachfragen der Freundin oder des Freundes stelle ich Jahrzehnte später Lücken in unserer Familienerzählung fest, so etwas wie blinde Flecken. Dass die Geburt eines Bruders, der ein Jahr vor meiner Geburt als Säugling verstarb, meine Eltern und meine Schwestern beeinflusst hat, darauf bin ich erst gekommen, als ich das erzählt habe. Freundschaft bedeutet also auch, mich gespiegelt in der Wahrnehmung der anderen selbst besser kennenzulernen.

Elke ist eine weitere langjährige Freundin. Im Gespräch mit ihr drehte sich anfangs vieles um die Herkunft, um die Frage, was es bedeutet, nicht aus intellektuellen Kreisen zu stammen und trotzdem studiert und promoviert zu haben.

Durch das Erzählen erkennen wir Zusammenhänge. Ein Gedanke setzt den nächsten in Gang. Es braucht Zeit, um nachzudenken, Erinnerungen wieder an die Oberfläche zu holen, weil eine andere fragt.

Herbert Grönemeyer besingt in einem Lied mit dem Titel *Komm erzähl mir was, plauder' auf mich ein* über ein sich aneinander »Satthören«. Das ist ein schöner Gedanke, weil wir alle wohl eine Sehnsucht nach »echten« Geschichten haben, die das Leben schreibt. *Fake-news* und *scripted reality* machen diese

Sehnsucht vielleicht sogar noch größer. Und es gibt so wunderbare Lebensgeschichten, die wir uns erzählen können. Etwa, wie andere ihre Kindheit, ihre Vergangenheit, aber auch ihre Ehe, ihr Muttersein erlebt haben. Das kann mir helfen, meinen eigenen Weg zu finden. Es hat ja beides: Ich höre zu, und gleichzeitig reflektiere ich mein Leben. Manchmal entdeckst du Gemeinsamkeiten und dann wieder tiefe Unterschiede, die erstaunlich sind, weil ihr ganz ähnlich aufgewachsen seid.

Es fehlt oft solche Erzählkultur, in der wir uns Zeit nehmen, die anderen wahrzunehmen, sie zu verstehen. Stattdessen wissen alle offenbar immer schon, wer die anderen sind, wie sie »ticken«. Freundschaft heißt auch, aus dem Schubladendenken herauszukommen!

Es gibt heute wenige Räume für solche geschützte Erzählkultur. Ich will nicht die guten alten Zeiten beschwören, denn sie waren nicht immer gut. Aber ohne Fernsehen, Internet und »soziale« Medien gab es schlicht mehr Zeit zum Erzählen. In meiner Kindheit waren die Wochenenden von einem regelmäßig stattfindenden Kaffeeplausch am Sonntagnachmittag geprägt. Dort kamen alle Familienmitglieder zusammen und saßen um einen Tisch. Nicht, dass ich das immer nur großartig gefunden hätte. Oft war ich genervt, dabei sein zu müssen, gerade als Jugendliche, das gebe ich zu. Aber da wurde auch Spannendes und Lustiges erzählt: über die Zeit damals in Pommern, was Tante Mine gemacht hatte und wie das mit den Beversdorfs war. Auch ich selbst war nun als Zuhörerin und Mitglied der Familie ein Teil der gesamten Erzählung. So etwas beheimatet. Und ich erzähle diese Geschichten jetzt meinen Enkelkindern weiter. Traduire heißt weitergeben, so entsteht Tradition.

Mich erinnert es auch ein wenig an die biblischen Erzählungen. Die meisten Geschichten wurden mündlich weitergegeben und so tradiert. Und so war klar: Der Gott Abrahams, Isaaks und Jakobs ist auch dein Gott. Die großen biblischen Gestalten von Sarah, Rebekka und Rahel sind dir im Glauben vorausgegangen. Du fügst dich mit deinem Leben ein in den großen Erzählfaden des Glaubens.

Vielleicht sind Freundschaften heute die letzten lebendigen Orte des Erzählens.

Freundinnen und Freunde haben mein Leben geprägt, mir geholfen, mich unterstützt – oder mich irritiert und verärgert. Freundschaft hat eine große Kraft!

Freundschaft – in der Bibel

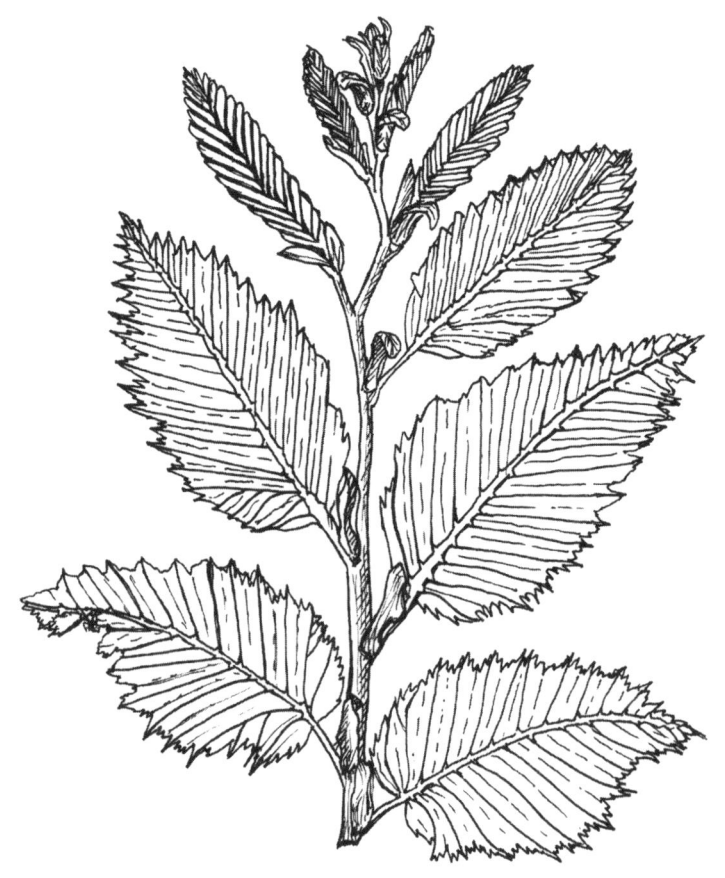

In der Bibel findet sich eine der für mich anregendsten Passagen über Freundschaft im Buch Hiob (2,11–13). Der Teufel ringt in der Geschichte mit Gott darum, ob er den frommen Hiob in Versuchung führen kann.

Hiob geht es schlecht. Und das nicht nur ein bisschen. Seine gesamte Existenz ist zerstört, er selbst krank. Menschen, die derart getroffen sind von Unglück, meiden die anderen lieber. Was sollst du denn sagen? Und die Einsamkeit macht es für die Unglücklichen noch schwerer.

In solchen Situationen schlägt die Stunde der Freundschaft. Und das begeistert mich am Hiobbuch, wenn es heißt: *Als aber die drei Freunde Hiobs all das Unglück hörten, das über ihn gekommen war, kamen sie, ein jeder aus seinem Ort: Elifas von Teman, Bildad von Schuach und Zofar von Naama. Denn sie wurden eins, dass sie kämen, ihn zu beklagen und zu trösten. Und als sie ihre Augen aufhoben von ferne, erkannten sie ihn nicht und erhoben ihre Stimme und weinten, und ein jeder zerriss sein Kleid, und sie warfen Staub gen Himmel auf ihr Haupt und saßen mit ihm auf der Erde sieben Tage und sieben Nächte und redeten nichts mit ihm; denn sie sahen, dass der Schmerz sehr groß war.*

Drei gute Freunde hat Hiob, vielleicht aus der Jugendzeit. Ganz offensichtlich leben sie nicht mit ihm am selben Ort. Aber die Nachricht von Unglück verbreitet sich meist schneller als die von Glück. Elifas, Bildad und Zofar machen sich sofort auf den Weg, als sie vom Unglück des Freundes hören. Als sie ihn sehen, sind sie schockiert, ihnen wird klar: Hiob ist völlig am Ende. Jetzt könnten sie ihn mit guten Worten oder Beileidsbekundungen überschütten. Aber nein. Sie setzen sich zu ihm und schweigen mit ihm – sieben Tage und sieben Nächte! Über die Jahrtausende hinweg bewegt mich das. Denn allzu oft können Worte nur danebenliegen, weil der Schmerz viel zu groß ist.

Unsere Zeit hält das Schweigen ja gar nicht mehr aus. Passiert ein Unglück, wird sofort getwittert, gebloggt, geredet – das hat wenig mit den Opfern zu tun. Sie brauchen auch heute noch diese Empathie, dieses Mitempfinden wie Hiobs Freunde es ausdrücken. Sie erschrecken, haben keine vorschnellen tröstenden Worte, sondern sitzen bei ihm, sind für ihn schlicht da in seinem Schmerz.

Mir gefällt gut, wie die Bibel hier von Freundschaft erzählt. Denn zu damaliger Zeit war der einzelne Mensch fest eingebunden in die Familie, in der sich das soziale Leben abspielte. Verbindungen zu Menschen, die nicht mit einem verwandt waren, hatten nur eine geringe Bedeutung. Und dennoch rücken in dieser Geschichte nicht Hiobs Tanten und Onkel, Cousinen und Cousins an, sondern seine drei besten Freunde.

Dass sie Hiob in seinem Leid ohne irgendwelche Fragen zu stellen beistehen, dann aber derart intensiv mit ihm über theologische Aspekte sprechen, finde ich bewegend. Miteinander reflektieren sie das Leben, auch die Gottesbeziehung. Sie streiten heftig und intensiv, aber in großer Zuneigung und mit echtem Interesse aneinander. Am Ende tritt Hiob vor Gott für die Freunde ein.

Wenn Sie Zeit haben, lesen Sie den gesamten Text in der Bibel – die Gespräche, die die Freunde führen, sie sind tiefgründig und lesenswert. Es ist ein Ringen um die Frage nach Schuld und Verantwortung. Die Freunde reden miteinander über Gott und die Welt. Wie kann Gott das zulassen? Und: Ist Hiob nicht doch selbst verantwortlich für sein Unglück?

Dieser Text ist fast sechshundert Jahre vor Christus entstanden. Er zeigt bis heute, dass die großen Fragen von Schuld und Sühne, die Suche nach den Ursachen von Leid und die Gedanken über Vernarbung und Neuanfang nicht nur uns umtreiben, sondern seit Jahrhunderten gestellt werden. Warum müssen Menschen leiden? Hat Leid irgendeinen Sinn?

Der biblische Vers »Es ist nicht gut, dass der Mensch allein sei«, wird in der Regel auf die Ehe bezogen. Ich denke, er gilt auch für Freundschaft. Nicht jeder Mensch lebt in einer Paarbeziehung oder einer Ehe. Und es ist nicht defizitär, allein zu leben. Wer in einer Ehe lebt, kann durchaus einsam sein. Aber wer ohne Partner oder Partnerin durchs Leben geht, muss nicht einsam sein. Freundschaft kann das Leben prägen, uns die Beziehungen schenken, die wir brauchen. Sie sind für mich kein Ersatz für Partnerschaft, sondern haben einen ganz eigenen Wert.

Auch wer in einer Partnerschaft lebt, tut gut daran, Freundinnen und Freunde zu haben. Das zeigt die Hiobgeschichte. Mit seiner Frau kann er offenbar nicht über seine Gefühle und über seine Glaubensfragen reden. Mit den Freunden schon …

Zum Glück weiß ich von mindestens drei Freundinnen, die kommen würden, um mir zu helfen, wenn es mir so schlecht ginge wie Hiob. Und wenn es einer Freundin von mir so schlecht ginge wie dem biblischen Hiob – ich würde alles daransetzen, sofort zu ihr zu fahren.

Ich denke auch an die wunderbare biblische Geschichte der Freundschaft zwischen David und Jonatan. David kommt an den Hof des Königs Saul und freundet sich mit dessen Sohn Jonatan an. Als der König sich mit David überwirft und ihn sogar töten will, weil er seinen Thron bedroht sieht, muss Jonatan sich entscheiden. Ihm ist die Freundschaft am Ende wichtiger als die Forderung seines Vaters. Als Jonatan stirbt, sagt David: »Es tut mir leid um dich, mein Bruder Jonatan, ich habe große Freude und Wonne an dir gehabt; deine Liebe ist mir wundersamer gewesen, als Frauenliebe ist.« (2. Sam 1,26)

Manche interpretieren in diesen Vers neuerdings die Andeutung einer homosexuellen Beziehung. Ich denke, das überträgt Themen von heute in Zeiten, denen sie fremd waren. David hat Jonatan schlicht als Freund geliebt. Und das war ihm manches Mal wichtiger als die Liebe zu Frauen, die ihn durchaus auf Abwege geführt hat. Aber das ist eine andere Geschichte …

Es gibt zwei Passagen über Frauenfreundschaft in der Bibel, die ich besonders gern mag. In der einen Geschichte geht es um die Beziehung zwischen Rut und deren Schwiegermutter Noomi.

Noomis Mann und ihre beiden Söhne sind in der Fremde gestorben, und sie will im Alter in ihre Heimat zurückkehren. Ihre beiden Schwiegertöchter wollen sie begleiten, aber Noomi sagt ihnen, dass auch sie jeweils in ihre Heimat gehen sollen. Die eine Schwiegertochter kommt dem Wunsch nach, Rut nicht. Im Text heißt es: »Bedränge mich nicht, dass ich dich verlassen und von dir umkehren sollte. Wo du hingehst, da will ich auch hingehen; wo du bleibst, da bleibe ich auch. Dein Volk ist mein Volk, und dein Gott ist mein Gott. Wo du stirbst, da sterbe ich auch, da will ich auch begraben werden.« (Rut 1,14 ff.) Die Geschichte einer generationenübergreifenden Frauenfreundschaft.

Der Vers »Wo du hingehst, da will ich auch hingehen …« wird manches Mal von Brautpaaren als Trauspruch gewählt, weil er in besonderer Weise den Willen zum bedingungslosen Miteinander ausdrückt. Zu einem Brautpaar passt er allerdings wirklich nicht …

Rut verbindet mit Noomi keine Blutsverwandtschaft. Noch nicht einmal ein Kind ist da, das Mutter und Großmutter verbinden könnte. Sie sind zwei Frauen, deren Bindung durch den Tod der Ehemänner verloren gegangen ist. Aber offenbar mag Rut die Schwiegermutter gern, sie will bei ihr bleiben, mit ihr durch Dick und Dünn gehen.

Die beiden Frauen stehen zueinander, sie halten zusammen, sie vertrauen sich – es gibt letztlich auch ein glückliches Ende: Rut heiratet noch einmal und bekommt ein Kind. Noomi sieht es als ihren eigenen Enkel an. Viel wichtiger aber ist mir an dieser Geschichte das große Vertrauen der beiden Frauen zueinander. Und das inmitten einer zutiefst patriarchalischen Gesellschaft. Beide sind Witwen, kein leichter Status. Sie versuchen nicht, schnellstmöglich männlichen Schutz zu finden, sondern erfahren erst einmal in ihrer Beziehung Rückversicherung und Halt.

Die andere biblische Frauenfreundschaft, die mich berührt, ist die zwischen Elisabeth und Maria. Wir erinnern uns: Elisabeth wird nach jahrelangem Warten schwanger und bekommt einen Sohn namens Johannes (der später *der Täufer* genannt wird). Maria wird, sehr jung, ebenfalls überraschend schwanger. Ihr Sohn wird Jesus heißen.

In der Bibel wird Folgendes berichtet: »Maria aber machte sich auf in diesen Tagen und ging eilends in das Gebirge zu einer Stadt in Juda und kam in das Haus des Zacharias und begrüßte Elisabeth. Und es begab sich, als Elisabeth den Gruß Marias hörte, hüpfte das Kind in ihrem Leibe. Und Elisabeth wurde vom Heiligen Geist erfüllt und rief laut und sprach: Gesegnet bist du unter den Frauen, und gesegnet ist die Frucht deines Leibes!« (Lk 1,39 ff.)

Offenbar waren beide Frauen verwandt, wahrscheinlich Kusinen. Zu wem gehst du, wenn du schwanger bist? Wenn du unruhig bist, was werden soll, wenn du viele Fragen und Ängste hast? Zu deiner besten Freundin!

Diese beiden Kusinen, die offensichtlich auch Freundinnen sind, trennt vermutlich ein erheblicher Altersunterschied.

Aber Maria vertraut sich der Älteren an. Sie bleibt lange bei ihr zu Hause, fast drei Monate!

Worüber werden sie geredet haben? Wahrscheinlich über ihre Männer und die Kinder, die sie erwarten. Wie es werden wird mit der Familie, über die Angst vor der Geburt. Typische Frauengespräche, seit Jahrtausenden.

Gerade eine gemeinsame Schwangerschaft verbindet. Nach der biblischen Erzählung werden auch die Söhne einander später verbunden sein. Und auch das gibt es heute: Die Mütter sind schwanger, es gibt eine große Gemeinsamkeit – die Kinder wachsen miteinander auf, vertrauen sich ebenfalls von Kindesbeinen an.

Ich habe mich oft gefragt, warum Freundschaft bislang in der Theologie eine so unbedeutende Rolle spielt, wo doch an so vielen Stellen der Bibel davon auf unterschiedliche Weise die Rede ist. Auch der Prediger und das Buch der Sprüche kennen manche Weisheit über Freunde. Etwa:

»So ist's ja besser zu zweien als allein; denn sie haben guten Lohn für ihre Mühe. Fällt einer von ihnen, so hilft ihm sein Gesell auf. Wehe dem, der allein ist, wenn er fällt! Dann ist kein anderer da, der ihm aufhilft.« (Pred 4,9 f.)

Oder: »Es gibt Freunde, die hangen fester an als ein Bruder.« (Spr 18,24)

Und: »Wer Verfehlung zudeckt, stiftet Freundschaft; wer aber eine Sache aufrührt, der macht Freunde uneins.« (Spr 17,9)

Im Buch Hiob ist sogar von der Freundschaft Gottes die Rede. Hiob klagt: »Wie war ich in der Blüte meines Lebens, als Gottes Freundschaft mein Zelt beschützte, als der Allmächtige noch mit mir war und meine Kinder um mich her …« (Hiob 29,4) Hiob konnte also Gott selbst als Freund verstehen, dem er vertraute, eine Freundin, die ihn schützte. Dieses Vertrauen wird durch die Lebenskrisen, die er erlebt, infrage gestellt. Hiob fühlt sich von Gott als Freund verlassen. Das ist ein Bild, das mir sehr nahegeht.

Aber ist Gott nicht viel zu groß, zu unendlich anders und zu weit entfernt vom Menschen, um so einen Begriff wie Freundschaft für die Gottesbeziehung zu verwenden? Die Theologin Elisabeth Moltmann-Wendel hat die dazugehörige Frage formuliert: »Sind Gott und Mensch nicht absolut ungleich, und erniedrigen wir nicht Gott und überfordern uns selbst mit Freundschaftsbildern?«[6] Sie selbst verneint die Frage, weil Freundschaft ja auch von der Differenz lebt, von dem Reiz des Unterschiedes. Und sie schreibt: »Die Jesus-Frauengeschichten im Neuen Testament sind dafür ein eindrückliches Beispiel: Jesus ist keineswegs immer die allwissende Gottheit. Er ist ein Mensch, der irrt, der denkt, dass er nur für sein eigenes Volk da sein soll, und er muss von der syrophönizischen Frau eines Besseren belehrt werden, nämlich, dass er auch für die Heiden da zu sein hat. Und die unbekannte Frau im Markusevangelium, die ihn zum König und zum Tod salbt, bereitet ihn auf seinen letzten Weg vor. Das sind Freundschaften, die er braucht, Freundschaften, ohne die sein Leben nicht zu denken ist.«[7]

Ich finde, das erweitert den Blick. Wenn Jesus mit Maria, Martha und Lazarus befreundet war, Freundinnen wie Maria Magdalena, Johanna und Susanna ihn begleiteten (Lk 8,3) und er Andreas und andere Männer aufforderte, mit ihm zu gehen, dann hat Freundschaft viele biblische Vorbilder.

Jesus lebte in Freundschaft mit anderen, und als er starb, blieben die zurückgelassenen Freundinnen und Freunde zusammen. Die Bibel spricht von Jüngern. Aber es waren Frauen und Männer, Freundinnen und Freunde, da bin ich mir sicher. Man geht nicht mit Menschen, die man nicht mag, Hunderte von Kilometern, monatelang durch heißen Wüstensand.

Aus dieser Bindung, die über den Tod hinauswirkte, entstanden die ersten Gemeinden. Im freundschaftlichen Vertrauen konnten die ersten Christinnen und Christen nach und nach begreifen: Der Tod hatte nicht das letzte Wort.

Es ist interessant, dass auch in der Poesie dieses Motiv zu finden ist. Johann Kaspar Lavater schreibt im 18. Jahrhundert:
Freundschaft will, wie das Feuer, genährt sein – oder sie stirbt.
Wahre Freundschaft sagt, was keine Lippen sonst sagen, –
Wahre Freundschaft verschweigt, was keine Lippen
verschweigen.
Was die Freundschaft gibt, nimmt Freundschaft kindlich und
froh an.
Schön find des Freundes Tränen, die niemand, als Engel und
Gott, sieht!
Wer sich des Glückes des Freundes nicht freut, den Tränen
des Freundes Tränen nicht opfert – der ist des Freundes-
namens nicht würdig.
Edle Freunde bürgen dem Edlen Gott und die Zukunft!
Echte Freunde trennt kein Tod, kein trennendes Schicksal!

Gewiss, es schwingt das Pathos seiner Zeit mit, so würde heute niemand dichten. Aber Johann Kaspar Lavater hält in beeindruckenden Worten fest, was Freundschaft bedeutet: Vertraulichkeit, Offenheit, Schmerz und Leid teilen. Sie überdauert selbst den Tod. Auch eine religiöse, transzendente Komponente kommt zum Tragen.

Wenn wir das Wirken Jesu als ein Leben in Beziehung zu Freundinnen und Freunden verstehen, entstehen auch neue Bilder von ihm als Mensch. Er ist dann weniger der Lehrende, Verkündende – und die anderen bloß die Zuhörenden. Jesus lebt in Gemeinschaft, in vertrauten Beziehungen. Als ich Anfang 2019 in Israel war, konnte ich mir das auf einmal ganz konkret vorstellen: Gottes Sohn ist mit seinen Freundinnen und Freunden viel unterwegs gewesen. Jesus ist viel gelaufen! Von Kapernaum nach Magdala, vom See Genezareth nach Nazareth, von Jericho nach Kanaa und auch bis nach Jerusalem. Wer so weite Strecken geht, hat nicht nur Zeit zum Nachdenken und bekommt ein gutes Gespür für die Natur, die Mitwelt. Er hat auch Zeit für Gespräche! Denn ganz offensichtlich ist Jesus ja gern mit und auch zu anderen gegangen. Er war mit verschiedenen Menschen unterwegs, er war zu Gast bei den Geschwistern Maria, Marta und Lazarus oder bei der Hochzeit zu Kanaa. Ja, ab und zu hat er sich offensichtlich auch zurückgezogen, um allein zu sein. Aber insgesamt war sein Leben eines in Gemeinschaft mit Freundinnen und Freunden. Selbst Judas spricht er noch als Freund an, als der ihn verrät: »Mein Freund, dazu bist du gekommen?« (Mt 26,50)

Im Apostolischen Glaubensbekenntnis kommt das Leben Jesu, kommt auch seine Beziehungskompetenz so gar nicht zum Tragen. Das bedaure ich oft, selbst wenn ich es gut mitsprechen kann. Aber es heißt dort schlicht: »Geboren von der Jungfrau Maria, gelitten unter Pontius Pilatus, gekreuzigt, gestorben und begraben.« Dabei ist doch gerade das Leben Jesu, die Art, wie er anderen Menschen begegnet ist, seine Fähigkeit in Gleichnissen von Gott zu reden, die wir bis heute verstehen, so entscheidend. Genau das hat ja die Begeisterung ausgelöst, mit der sich die Menschen ihm angeschlossen haben. Seit der Apostel Paulus – auf geniale Weise – theologisch argumentierte, was das alles für uns bedeutet, sind die anderen Aspekte des Lebens Jesu immer wieder in den Hintergrund getreten.

Dabei wird genau dieses Leben in Freundschaften, in vertrauten Beziehungen nach dem Tod von Jesus zum Kennzeichen derer, die sich auf ihn berufen. Sie bleiben in ihren

Häusern zusammen, sie machen gemeinsam die Erfahrung der Auferstehung, sie sprechen als Gruppe öffentlich am Pfingsttag. Es gründen sich erste Gemeinden, die ihren Glauben und ihren Besitz teilen. Christsein ist auf Beziehung angelegt, ja, auch ein Leben in Freundschaft. Die Zurückgezogenheit im Kloster machte auch deshalb für Martin Luther keinen Sinn, weil sie ein Rückzug vom Leben in Beziehung ist. Gewiss kann es sinnvoll sein, wie Jesus eine Zeit des Alleinseins zu nutzen, um die Gedanken zu ordnen, über Gott nachzudenken, eigene Fragen zu klären. Aber in der Bibel ist kein Beleg dafür zu finden, dass ein Leben im Kloster grundsätzlich eine gute oder gar bessere Lebensform wäre. Das Leben Jesu ist gerade dadurch eindrücklich, wie er sich anderen zuwendet, mit ihnen lebt.

Im Grunde bietet das Neue Testament also eine Grundlage für eine Theologie der Freundschaft. Es ist ja schon bezeichnend, dass Jesus seine engsten Gefährten nicht allein losschickt, sondern »zwei und zwei« (Mk 6,7). Es braucht demnach keine heroischen Einzeltäter! Als er im Garten Gethsemane verzweifelt betet, bittet er seine Freunde, bei ihm zu bleiben: »Wachet mit mir« (Mt 26,38). Und später zieht Paulus missionierend mit seinem Freund Silas (Apg 15,40) umher. Petrus wird mit anderen Aposteln und Ältesten als Kollektiv die Gemeinde in Jerusalem und an anderen Orten leiten (Apg 15,4).

Es brauchte wohl eine poetisch so begabte Theologin wie Dorothee Sölle, die all das aufgreift und in der Tradition Hiobs eindrucksvoll von Gott als Freundin spricht:

Freundschaft

Gott du freundin der menschen
lass mich nie ohne freundin sein
lass mich geben lehr mich zu nehmen
zeig mir wie ich trösten kann
gib mir freiheit kritik zu üben

Gott du freundin der menschen
lass mich nie ohne freundin sein
gib uns raum uns zu wehren
und die kraft es ohne gewalt zu tun
gib uns den langen atem
auch wenn die zeit nicht in unseren händen ist
gib uns das lange lachen
im kurzen sommer

Gott du freundin der menschen
lass mich nie ohne freundin sein
wir gehen zu zweit los
aber deinetwegen
sind wir immer schon mindestens drei
auf dem langen weg zum brot
das essbar ist mit dem wasser
das niemand vergiftet hat

Gott du freundin der menschen
lass keine von uns ohne freundin sein[8]

Da wird nicht nur Gott als Freundin beschrieben, ohne dass es fremd, störend oder aufgesetzt daherkommt, sondern auch der Wert der Freundschaft gepriesen, ja um Freundschaft wird gebetet! Sölle spielt auf den Weg der zwei Jünger nach

Emmaus an, die spüren, dass der Auferstandene unerkannt als dritter Weggefährte bei ihnen war, als er mit ihnen Brot und Wein teilte. Da geht es um die besagte Freundschaft über den Tod hinaus, eine lebendige Beziehung, die Grenzen überschreitet. Jesus als Freund, der erzählt, wie er Gott versteht, Gott als Freundin, die zuhört, die tröstet – ich finde, das ist ein wunderbares Bild!

Christsein können wir als ein Leben in Beziehungen beschreiben. In Beziehung zu Gott, aber eben auch zu anderen Menschen. Genau das hat Jesus vorgelebt – durch sein Gottvertrauen und sein Vertrauen in Menschen.

Auf der Suche nach Freundschaften in der Kirchengeschichte scheint mir die Beziehung zwischen Martin Luther und Philipp Melanchthon besonders eindrücklich. Die beiden waren offensichtlich sehr verschieden. Schon Bilder der beiden zeigen das: Luther kommt eher rund daher, Melanchthon hager. Beide waren für ihre Sache leidenschaftlich engagiert, hatten aber auch immer wieder Konflikte miteinander. Am besten gefällt mir, wie sie gemeinsam um die Bibelübersetzung gerungen haben. Melanchthon war offenbar der Begabtere, was die alten Sprachen, also Hebräisch, Griechisch und Latein, betraf. Luther war ein Meister der deutschen Sprache. Er hat Worte gefunden, ja erfunden, die bis heute das Bibel-Verständnis vieler Menschen maßgeblich geprägt haben. Und er hat damit auch die deutsche Sprache in besonderer Weise beeinflusst, ja geradezu geschaffen. Mich fasziniert immer wieder, dass er auf Wortschöpfungen wie die folgenden gekommen ist: Feuereifer, Herzenslust, Denkzettel, Lästermaul. Dazu gehört eine rege Fantasie, und dazu gehört wahrhaftig auch, »dem Volk aufs Maul schauen«, also sich im Alltag der Menschen und ihrer Sprache zu bewegen. Luther war darin ein Genie, ebenso wie Melanchton in der Beherrschung der alten Sprachen, Latein, Griechisch, Hebräisch. Zusammen waren sie ein außerordentlich kreatives Team.

Fast täglich haben beide jahrelang über die richtige Übersetzung diskutiert, was für ein großartiges gemeinsames Projekt! Die beiden scheinen sich insgesamt sehr gut ergänzt zu haben, während sie auf so engem Raum in Wittenberg zusammenlebten. Luther war 15 Jahre älter als Melanchthon, schätzte aber nicht nur dessen Kompetenz, sondern auch sein diplomatisches Geschick. Und sie vertrauten einander. Als Luther auf der Veste Coburg festsaß, weil er mit einem Bann belegt war und seine Anliegen nicht selbst beim Reichstag in Augsburg vortragen konnte, tat Melanchthon das für ihn, in enger Abstimmung durch Boten und Briefe. Melanchthon wiederum schätzte Luthers Charisma, seinen Mut und seine theologische Kompetenz. Von ihm ist der Satz übermittelt: »Ich würde lieber sterben, als von diesem Mann getrennt sein.«

In der jüngeren Kirchengeschichte hat mich immer wieder fasziniert, wie von der Ökumene überzeugte Männer wie Nathan Söderblom, George Bell, Wilhelm Visser't Hooft und andere trotz der Kriege, die ihre Nationen miteinander führten, in Kontakt blieben und ihre Idee eines Weltkirchenrates vorantrieben. Ein Schwede, ein Engländer und ein Holländer mit einer Vision, die voller Kraft und Hoffnung war. Zwischen ihnen war Vertrauen gewachsen, der gemeinsame Wille, für eine große Sache zu streiten. Nichts konnte ihre Verbindung trennen.

Nach dem Zweiten Weltkrieg besuchte schon im August 1945 eine internationale Delegation die Konferenz der evangelischen Kirchenführer in Treysa. Sie waren bereit, die Evangelische Kirche in Deutschland in den in Gründung begriffenen Ökumenischen Rat der Kirchen (ÖRK) aufzunehmen, wenn es denn ein klares Schuldbekenntnis gebe. So wurde das Stuttgarter Schuldbekenntnis vom Oktober 1945 vorbereitet, und die deutschen evangelischen Kirchen konnten Gründungsmitglied des ÖRK werden, der sich 1948 in Amsterdam konstituierte.

In den fast zwanzig Jahren, die ich im Ökumenischen Rat der Kirchen engagiert war (1983–2002), hat mich immer begeistert, wie es möglich ist, dass über nationale, kulturelle und auch theologische Grenzen hinweg vertrauensvolle Beziehungen, ja Freundschaften wachsen. Vielleicht entfaltet sich da die *Theologie der Freundschaft,* die aus dem Vorbild von Jesus und seinen Freundinnen und Freunden erwächst.

Menschen vertrauten einander auf der Grundlage des gemeinsamen Glaubens. Trotz verschiedener Herkunft haben wir in einem für uns alle fremden Kontext oft eine große Nähe und Gemeinsamkeit erlebt. Da gab es einen Vertrauensvorschuss, weil wir alle uns als Teil der Kinder in der Familie Gottes weltweit verstanden haben.

Miteinander einen Weg gehen, Verschiedenheit nicht als Grenze, sondern als Bereicherung sehen, für gemeinsame Ziele eintreten – das verbindet. Ich denke, die ökumenische Bewegung war stets auch eine Bewegung der Freundschaft, weil Menschen einander gegen alle Widrigkeiten und über alle Unterschiede hinweg vertraut haben.

Auch der Theologe Dietrich Bonhoeffer hat über den Begriff Freundschaft reflektiert. Er schreibt: »Es gibt kaum ein beglückenderes Gefühl als zu spüren, daß man für andere Menschen etwas sein kann. Dabei kommt es gar nicht auf die Zahl, sondern auf die Intensität an. Schließlich sind die menschlichen Beziehungen doch einfach das wichtigste im Leben; daran kann auch der moderne ›Leistungsmensch‹ nichts ändern, aber auch nicht die, die von menschlichen Beziehungen nichts wissen.«[9]

Bonhoeffer zeichnet damit ein schönes Bild, nicht nur im Hinblick auf die Freundschaften unseres Lebens, sondern auch, wenn wir auf die Situation der Kirche und der christlichen Gemeinden schauen: »Es kommt nicht auf die Zahl, sondern auf die Intensität an.«

Er selbst hat der Kirche viel zugetraut in Zeiten von Konflikt und Krieg. 1934, wenige Wochen nach der Verabschiedung der Barmer Theologischen Erklärung, sagte Bonhoeffer auf der ökumenischen Friedenskonferenz in Fanö: »Wie wird Friede? Wer ruft zum Frieden, dass die Welt es hört, zu hören gezwungen ist? Dass alle Völker darüber froh werden müssen? Der einzelne Christ kann das nicht – er kann wohl, wo alle schweigen, die Stimme erheben und Zeugnis ablegen, aber die Mächte der Welt können wortlos über ihn hinwegschreiten. Die einzelne Kirche kann auch wohl zeugen und leiden – ach, wenn sie es doch täte –, aber auch sie wird erdrückt von der Gewalt des Hasses. Nur das eine große ökumenische Konzil der Heiligen Kirche Christi aus aller Welt kann es so sagen, dass die Welt zähneknirschend das Wort vom Frieden vernehmen muss und dass die Völker froh werden, weil diese Kirche Christi ihren Söhnen im Namen Christi die Waffen aus der Hand nimmt und ihnen den Krieg verbietet und den Frieden Christi ausruft über die rasende Welt.«[10]

Das ist ein so hochaktueller Impuls! Mir ist wichtig, dass Bonhoeffer über seine Nation hinausblicken konnte. Er hatte viele internationale Kontakte und Freundschaften durch sein Vikariat in Barcelona, sein Studienjahr in New York und seine Zeit als Pfarrer in London. Die ökumenische Bewegung – und dabei sind nicht theologische Lehrgespräche zwischen Konfessionen gemeint, sondern die weltweite Verbindung von Kirchen und Christen – war für ihn Friedensbewegung.

Dietrich Bonhoeffers Rede wurde vor 85 Jahren gehalten und ist bis heute hochaktuell!

Unsere Kirche ist nicht national gebunden. Wir verstehen uns als Geschwister im Glauben über die nationalen Grenzen hinweg. Wir teilen dieselben Geschichten, Texte, Gebete und Lieder. Genau dadurch kann die Kirche auch heute einen substanziellen Beitrag zum Frieden in der Welt leisten.

Gott ist die Liebe,
und wer in der Liebe bleibt,
bleibt in Gott,
und Gott bleibt in ihm.

1. Johannes 4,16

Im Wandel der Zeiten

Bei der Lektüre des Buches *Freundinnen* von Susann Sitzler[11] wurde mir zum ersten Mal bewusst, dass das Thema Frauenfreundschaft erst in den letzten Jahren zunehmend an Bedeutung gewonnen hat. Es gab noch vor zweihundert Jahren überhaupt keine Räume dafür. Frauen konnten sich früher nicht ohne Aufsicht mit anderen Frauen treffen oder unterhalten, alles fand unter familiärer Aufsicht statt. Allenfalls in sogenannten Damenstiften oder Klöstern, in denen oftmals adelige, privilegierte, wohlhabende und gebildete Frauen lebten, war ein derartiges Zusammensein möglich. So entstanden an solchen Orten auch Frauenmystik, theologisches Denken, Poesie und Literatur. Aber wirklich freie Räume der Begegnung waren natürlich auch die Klöster nicht. Vielleicht entwickelte sich hier oder dort Freundschaft, wir wissen wenig darüber. Insgesamt war das Leben im Kloster sehr streng geregelt. In dem Film *Katharina Luther* aus dem Jahr 2017 wird das sehr gut deutlich. Der Vater bringt das kleine Mädchen ins Kloster, weil er sie weder gut ernähren noch richtig erziehen kann. Das Kind leidet unter der mangelnden Liebe, ihre Welt der Freiheit zerbricht. Aber: Im Kloster entsteht bei aller Einschränkung und Unterdrückung Freundschaft. Katharina verbündet sich mit Magdalena von Staupitz. Ostern 1523 fliehen beide Frauen gemeinsam mit 23 anderen Zisterzienserinnen aus dem Kloster Nimbschen (Marienthron) nach Wittenberg!

Zu dieser Zeit hatten es Frauen ohnehin schwer. Ein Leben lang waren sie von ihren Vätern oder Ehemännern abhängig. Sie wurden nicht gefragt, wen sie heiraten wollten. Eine unabhängige Berufstätigkeit war undenkbar. Frauen hatten im deutschsprachigen Raum bis in 20. Jahrhundert kein Wahlrecht, dies musste erst mühsam erkämpft werden. Eindrücklich beschreibt dies der schweizerische Film *Die göttliche*

Ordnung von Petra Volpe. 1971 kommt es in einem kleinen Ort im Appenzeller Land zu einem Aufstand der Frauen, die sich dagegen wehren, dass die Emanzipation von den Männern als etwas betrachtet wird, das wider die göttliche Ordnung ist. Gegen alle Widerstände setzen sie sich durch und dürfen dann endlich auch an den Gemeinde-Wahlen teilnehmen. Heute ist dies eine Selbstverständlichkeit – aber bis vor knapp 50 Jahren konnten Frauen in Europa am politischen Leben kaum teilhaben.

Im Film kommen die Frauen im Gasthaus zusammen, übernachten dort alle in einem Raum. Sie haben ihre Männer und ihre Kinder zu Hause sitzen gelassen, weil sie es nicht länger aushalten, unterdrückt zu werden.

Nora, die Heldin der Geschichte, will arbeiten gehen, ihr eigenes Geld verdienen, selbstständig sein. Aber ihr Mann verweigert ihr seine Zustimmung, ohne die sie die Arbeitsstelle nicht antreten darf. So kommt es zu einer Auseinandersetzung, die im Aufstand der Frauen mündet. Es bilden sich Freundschaften, sie arbeiten an einer gemeinsamen Sache. Ein bewegender Film.

Frauenleben war früher von Hausarbeit, Schwangerschaft, Kindererziehung und sozialer Kontrolle geprägt – in vielen Ländern der Erde ist das bis heute so. Wann hatten Frauen in unserem Kulturkreis in den vergangenen Jahrhunderten Zeit und auch Orte, um ungestört miteinander zu sprechen, sich auszutauschen, sich fortzubilden oder einander Briefe zu schreiben? Freundschaft unter Frauen ist also ein junges Phänomen und auch ein Privileg. Einfach Zeit miteinander verbringen statt zu arbeiten – diesen Freiraum haben sich Frauen hart erkämpft!

Ich erinnere mich selbst noch, dass es eine Zeit gab, in der es irgendwie weniger wert war, »nur« mit Frauen zusammen zu sein. »Wofür hast du dich denn geschminkt?«, fragte mich einmal ein Mann. »Ihr trefft euch doch nur unter Frauen!« Als wäre es das nicht wert, sich für eine solche Begegnung schön zu machen? Als würden sich Frauen nur schön anziehen, wenn sie einen Mann treffen – und alles andere sei »Weiberzeug«, weniger wichtig?

Das hat sich deutlich geändert. Schon für meine Generation, aber ganz gewiss für die meiner Töchter. Das ist ein Grund zur Freude und zur Dankbarkeit. Frauenfreundschaft hat eine ganz eigene Wertigkeit erhalten.

Mit meiner langjährigen Freundin Kerstin habe ich mich vor eine Weile intensiv zu diesem Thema ausgetauscht. Kerstin und ich haben zur gleichen Zeit Theologie studiert, kennen uns durch das gemeinsame Engagement im Bereich der Ökumene und der Friedensbewegung. In meiner Zeit als Bischöfin, wurde sie Oberlandeskirchenrätin in Hannover.

Wir erinnern uns beide daran, dass Pfarrerinnen in unseren beruflichen Anfangsjahren doch eher fragend, kritisch, ja skeptisch betrachtet wurden. Das traditionelle Bild der Pfarrfrau war noch dominant, lange Zeit wurde Ehefrauen von Pfarrern sogar Berufstätigkeit untersagt. Kamen Frauen zusammen, wurde das gern als »Kaffeekränzchen« degradiert, was sollte da schon Wichtiges besprochen werden? Ein Zusammentreffen von Frauen war nicht nur in kirchlichen Kreisen scheinbar von geringem Wert – ich fürchte, oft dachten das auch die Frauen selbst.

Als Frauen selbst Pfarrerinnen wurden und gar in leitende Positionen der Kirche kamen, wurden die Rituale, die es bis dahin gab, infrage gestellt.

Ich denke in diesem Zusammenhang an mein erstes Treffen mit dem Konvent des Klosters Loccum im Dezember 1999. Da saßen lauter ältere Herren in der Runde. Deren Ehefrauen waren es bislang gewohnt, sich während der Sitzung an einem anderen Ort eigenen Themen zu widmen. Mir war das nicht genügend bewusst gewesen, bevor ich als neue Bischöfin das erste Mal dabei war. Aber als ich dann mit den Herren zur Sitzung ging und die Damen zurückblieben, war die Stimmung schlecht. Ich habe erst später reflektiert, warum: Ich war in die anderen Räume eingebrochen.

Und das galt auch für die Männer im Konvent. Loccum galt ihnen noch immer als Männerkloster, obwohl dort längst keine Mönche mehr wohnten. Frauen hatten deshalb im Konvent bislang einfach nichts zu suchen, sie mussten draußen bleiben. Der hannoversche Landesbischof aber war qua Amt Mitglied im Konvent. Ein Dilemma!

Die fest eingefahrenen Schemata wurden nun infrage gestellt. Die Männer waren irritiert, weil die Muster nicht mehr stimmten. Und deren Ehefrauen waren verletzt, weil sie ihre eigene Rolle jetzt als Ausgrenzung wahrnahmen. Das verstehe ich heute.

Als ich nach der Sitzung wieder in den Dienstwagen stieg, habe ich zu meinem Fahrer gesagt: »Echt, hier fahre ich nie wieder hin.« Er hat gelacht, denn er hatte in diesem Fall wahrhaftig mehr Erfahrung.

Ich fuhr in den folgenden Jahren noch sehr oft nach Loccum. Gerade weil dieser Konvent auf Traditionsrechte pochte und die Frage im Raum stand, wie das Predigerseminar dort endlich im 21. Jahrhundert ankommen könnte. Es war ein schwieriger und anstrengender Veränderungsprozess. Wohlgefühlt habe ich mich dort nie. Denn es war stets wahrnehmbar: Eine Frau im bischöflichen Amt ist ein Störfaktor für die Tradition.

Ähnlich wie beim Konvent in Loccum ging es mir auch mit den Begegnungstagungen der EKD. Sie sind wohl einst geschaffen worden, um die Ehefrauen der evangelischen Bischöfe und anderen leitenden Geistlichen einmal im Jahr, am letzten Januarwochenende, miteinzubeziehen. Es sollte gewiss eine freundliche Geste sein, sich bei ihnen im besten Sinne vielleicht auch zu bedanken, dass sie ihren Männern den Rücken stärkten. Das hat funktioniert, solange Männer Bischöfe waren und Ehefrauen hatten, die sie unterstützten. Und vor Kurzem noch erzählte mir eine Frau, die selbst Pfarrerin ist, sie habe überhaupt nicht damit gerechnet, dass die Landeskirche an sie als »Gattin« derart viele Erwartungen hätte, nachdem ihr Mann zum Bischof gewählt worden ist.

Auch diese Erwartungen wurden irritiert, als Frauen zu Bischöfinnen gewählt wurden. Zu den Begegnungstagungen der EKD ist jedenfalls nach meiner Erinnerung nie ein einziger Ehemann einer Bischöfin mitgekommen.

Wenn die Geschäftssitzung der Bischöfe und Bischöfinnen und der übrigen leitenden Geistlichen begann und die Ehefrauen zu ihrem Damenprogramm gebracht wurden, wurde es manchmal peinlich, so empfand ich es … Denn natürlich hat nicht jede Lust auf ein »Damenprogramm« – und wenn es noch so gut gemeint war.

Wenn Frauen derart Rollen zugeteilt werden, wirkt das inzwischen wie aus der Zeit gefallen.

Bis heute kämpfen Frauen mit Rollenzuschreibungen und lassen sich manchmal dazu verführen, selbst das Spiel gegeneinander zu spielen. Beispielsweise: Wer ist die bessere Mutter? Diejenige, die ihre Kinder zu Hause betreut, oder diejenige, die sie früh in die Kita gibt? Oder: Kinder, ja oder nein? Und wenn ja, wann? Wir sollten damit aufhören. Es führt zu nichts, es hilft nicht, es ist so anstrengend.

Heute haben Frauen endlich die Freiheit, die für sie persönlich richtige Entscheidung zu treffen, das ist gut so. Und bei aller Verschiedenheit dürfen wir gelassen bleiben. Die allermeisten gehen verantwortungsvoll mit ihrem Leben um. Dennoch ist es wichtig, dass wir einander haben, dass es Menschen gibt, die uns auf unserem Lebensweg achtsam begleiten.

Wie schön zu wissen, dass es jemanden gibt, der es gut mit uns meint. Es ist Zeit für Frauenfreundschaft!

Mit Blick auf die Geschichte stellt sich mir die Frage, weshalb es so lange gedauert hat, bis Frauen Freundinnen wurden. Haben sie erst entdecken müssen, dass es einen ganz eigenen Wert hat, Zeit miteinander zu verbringen?

Ich kann mich nicht erinnern, dass meine Mutter eine wirkliche Freundin hatte. Zumindest sprach sie nicht davon. Es gab eine frühere Kollegin, mit der sie sich ab und an traf. Und es gab »Tante Paula«.

Meine Mutter war von Rügen aus mit dem Schiff vor der heranrückenden Sowjetarmee geflohen. In Dänemark hat sie zwei Jahre in einem Flüchtlingslager verbracht. Als Kinderkrankenschwester durfte sie ab und an mit einem kranken Kind das Lager verlassen, um es in ein Krankenhaus zu bringen. Auf dem Weg dorthin sind Tante Paula und meine Mutter sich dann eines Tages begegnet. Das kleine Mädchen, das mit ihr auf dem Weg zum Arzt war, blieb hungrig am Schaufenster einer Bäckerei stehen und drückte sich die Nase platt, als sie die leckere Auslage sah. Tante Paula kam vorbei, beobachtete die Szene und steckte meiner Mutter heimlich ein Brötchen für das Kind in die Jackentasche. So kamen die beiden in Kontakt und sahen sich daraufhin auch öfters. Wie das ging, weiß ich gar nicht.

Meine Mutter lernte in dieser Zeit ein wenig Dänisch, viele Jahre später fuhren wir als Familie zusammen nach Kopenhagen, um Tante Paula und deren Mann Harald zu besuchen.

Und die beiden waren dann auch zweimal bei uns in Stadtallendorf zu Besuch. Ich habe Tante Paula als Kind bewundert, weil sie die einzige Frau war, die ich kannte, die in einem kleinen Koffer scheinbar endlos viele, kunterbunte und völlig knitterfreie Kleider transportieren konnte.

Meine Mutter und sie hatten einander in schwierigen Zeiten vertraut, Geheimnisse bewahrt und Interesse aneinander behalten. Doch, das war eine Freundin für sie, denke ich – auch wenn der Kontakt nur lose gepflegt wurde. Ansonsten stand vor allem die Familie im Mittelpunkt. Ich kann mich auch nicht daran erinnern, dass meine Mutter jemals mit einer Bekannten oder einer Freundin ins Kino gegangen wäre. Vielleicht war schlicht keine Zeit dafür, als sie berufstätig war und gleichzeitig für uns Kinder und den Haushalt sorgte. Aber auch im Alter spielten Freundinnen im Leben meiner Mutter keine Rolle, was wirklich schade ist. Mir scheint, Frauenfreundschaft ist wirklich erst mit meiner Generation ein ernst genommener Faktor im Leben geworden. Das ist bedauerlich, denn: Fast jede zweite Frau in Deutschland, die älter als 65 ist, lebt ohne Partner, weil der Ehemann verstorben ist, aufgrund einer Trennung – oder weil sie nie einen Partner hatte. Gerade dann ist Freundschaft besonders wichtig, damit es nicht zu Einsamkeit kommt.

Freundinnen sind natürlich kein Partnerersatz, aber diese Beziehungen halten uns lebendig. Wer Freundinnen und Freunde hat, mag allein leben, wird aber dabei nicht einsam sein.

Die Nachkriegsgeneration hatte eigene Themen: die Überwindung der Kriegsschäden, der wirtschaftliche Neuaufbau, die gesellschaftlichen Zwänge. Frauen der Generation meiner Mutter hatten große Lasten zu schultern. Für sie selbst und so etwas wie Hobbys blieb oftmals wenig Zeit. Davon berichten viele, mit denen ich darüber gesprochen habe.

Schön, dass sich das geändert hat! Frauen gehen heute ganz selbstverständlich miteinander essen, treffen sich in großer Runde zum Frauenfrühstück, gehen spazieren, ins Kino, zum Sport. Andere verbringen einfach einen schönen Abend auf dem Sofa. Es ist eine ganze eigene Freundinnenkultur entstanden, gemeinsame Zeit wird als wertvoll empfunden. Das ist eine großartige Entwicklung, finde ich!

Ob mein Vater Freunde hatte? Vielleicht hätte er seine beiden Gesellen Manfred und Günter so bezeichnet. Die drei haben immer mal etwas miteinander unternommen, sind zum Beispiel zum Sechstagerennen nach Berlin gefahren. Als ich mich vor ein paar Jahren mit den beiden und ihren Ehefrauen getroffen habe, kamen viele lustige Geschichten zutage, die ich bis dahin gar nicht kannte. Der eine hat nach dem Herzinfarkt meines Vaters die Tankstelle, der andere die Autowerkstatt übernommen, mein Vater half noch hier und dort aus. Da war eine jahrzehntelange Verbundenheit und auch Vertrauen, aber eher auf die kumpelhafte Art.

Und ich erinnere mich, dass einmal zwei Männer zu Besuch kamen, die mit meinem Vater im Krieg waren. Gemeinsam haben sie über ihre Erinnerungen gesprochen, sie waren zusammen in einem Panzer an der Front gewesen.

Als ich das Buch von Sabine Bode über die Väter der in den 1950er-Jahren geborenen Kinder[12] gelesen habe, kam mir das wieder in den Sinn. Unsere Väter waren vom Krieg geprägt, mein Vater gerade erst 18, als er eingezogen wurde. Als der Krieg zu Ende ging, war er 25. Das Grauen des Krieges hinterließ manche Spuren in der Seele, das steht fest.

Viele seiner Kameraden waren gefallen, ganze Jahrgänge ausgelöscht. Mein Vater vermied es, über die schrecklichen Erlebnisse zu sprechen. Vielleicht blockierte es ihn auch, sich Freunde zu suchen. Für seine Familie nahm er sich Zeit, der

Beruf forderte ihn. Er hatte auch ein offenes Ohr für andere. Aber Freundschaften pflegte er nicht.

Weder meine Schwestern noch ich wissen aber Genaueres über seine Kriegserfahrungen. Mir tut es heute leid, ihn nicht viel mehr nach dieser Zeit gefragt zu haben. Es blieb bei oberflächlichen Feststellungen.

Sabine Bode beschreibt in ihrem Buch einen Mann, der niemals dauerhafte Freundschaften entwickeln konnte, weil schon sein Vater keine Freunde hatte. Es gab Arbeit und Familie, und das war es. Ob das eine Auswirkung der Kriegserfahrung war? Ich weiß es nicht.

Dabei wurden Männerfreundschaften in der Literatur schon früh gepriesen. Ein Beispiel ist Franz Grillparzer mit seinem Gedicht:

In ein Stammbuch

Dem nur blühet wahres Glück,
Den auf seinem Pfade Freundschaft leitet.
Was es seinen Lieblingen bereitet,
Gab dir alles das Geschick.
Eins nur ist zu geben mir geblieben
Und dies einzige biet ich dir an:
Eine Seele, die dich innig lieben
Und dir Freundschaft geben kann. [13]

Männer hatten traditionell anerkannte Orte, um sich zu treffen, sie konnten sich als Musiker oder Literaten austauschen, per Brief oder beim gemeinsamen Spaziergang. Davon berichten zahlreiche Erzählungen, Romane und unzählige bildliche Darstellungen – vom antiken Relief bis zum Fotoalbum der Moderne. Echte Freunde gingen zusammen durch Dick und Dünn, so scheint es. Aber vertrauten sie sich einander wirklich an? Hatten sie den Freiraum, auch über ihre Gefühle zu reden?

Männerfreundschaft ist in unserer Zeit offenbar schwieriger geworden als das freundschaftliche Miteinander von Frauen. Christian Modehn hat das in einem eindrücklichen Text beschrieben. Er spricht vom »halbierten Mann«, der durch seinen Beruf, Hobbys, Familie und Beziehung derart gestresst und getrieben ist, dass er gar keine Zeit für Freundschaft hat, obwohl ihm dies guttun würde.

Modehn schreibt: »Männer sind gern unter sich. Sie finden es spannend, ihre nach außen gerichteten Interessen gemeinsam auszuleben … Ein einzelner Mann muss den Mut haben, das oberflächliche Geplauder zu unterbrechen, um Wesentliches zu sagen. Entweder beginnt dann der Prozess der Reifung, oder der mutige Einzelne wird aus der Gruppe der Kumpels rausgedrängt.

Bezeichnenderweise entwickeln sich heute tiefe und reife Männerfreundschaften oft in leidvollen Situationen: Ein Mann trifft in einer Reha-Klinik einen anderen, der mehr wird als ein Kumpel. Ein Kollege findet plötzlich die richtigen Worte, wenn der andere von seiner Scheidung berichtet. Ein Nachbar nimmt sich Zeit, wenn der andere von seinen Alkoholproblemen spricht. In solchen Situationen wird tiefere Kommunikation möglich, die sich zur Freundschaft hin öffnen kann.«[14]

Männer haben es offenbar schwerer, ihre Emotionen in Worte zu fassen, das ist auch meine ganz persönliche Erfahrung. Gefühle – darüber wird nur ungern gesprochen.

Und wenn ein Mann sich anderen Männern gegenüber öffnet, wird er schnell als »wehleidig« oder als »Sensibelchen« angesehen.

Dass Männer sich in den Arm nehmen, sehe ich inzwischen öfters. Lange Zeit war so etwas überhaupt nicht denkbar. Schnell wurde ansonsten gemunkelt, dass jemand »schwul« sei. In den Arm nehmen, das machen Mädchen und Frauen viel ungezwungener. Es ist ganz natürlich, völlig normal. Die Freundin, die du als Frau gerne um dich weißt, die umarmst du selbstverständlich auch. Ein Mann dagegen umarmt seine Frau – aber sehr selten seinen Männerfreund. Da gibt es eher das berühmte Schulterklopfen.

Es gab und gibt Rollenbilder, wie ein Junge zu sein hat. Eher hart und kämpferisch – keinesfalls allzu zart. Frauen dagegen dürfen sich umarmen, zärtlich miteinander umgehen. Es fällt schwer, sich von solchen Bildern zu befreien. Aber es kann gelingen!

Freundschaft und Paarbeziehung

Wenn eine Paarbeziehung zu Ende geht, fällt manchmal folgender, gut gemeinter Satz: »Wir wollen Freunde bleiben …« Ja, das wäre schön, wenn es möglich wäre. Aber meistens gelingt das nicht. Eine Zeit des intimen Miteinanders geht zu Ende. Zwei Menschen teilen nicht mehr Tisch und Bett, sondern gehen zukünftig eigene Wege. Auch wenn es in letzter Zeit nicht mehr schön war, denken sie vielleicht gerne an die gemeinsamen Wochen, Monate, Jahre und vielleicht sogar Jahrzehnte. Wenn sie sich weiterhin in die Augen sehen können, ist es gut. Aber es wird schwierig sein, vom Paarmodus auf eine »normale« Freundschaft umzuschalten. Könnten beide wirklich gut und vertrauensvoll befreundet sein, hätten sie sich wohl kaum scheiden lassen …

Freundschaft ist auch nicht die kleine Version von Partnerschaft. Was aber ist der Unterschied? Freundinnen und Freunde sehen sich, nachdem sie sich zu einem Treffen verabredet haben. Eine Zeit lang sind sie zusammen – für ein paar Stunden, einen ganzen Tag, ein Wochenende oder eine Urlaubswoche. Dann aber trennen sich die Wege wieder. Begegnungen sind geplant, ereignen sich nicht einfach – außer sie wohnen in unmittelbarer Nähe voneinander.

Paare leben zusammen – zumindest meistens –, und sie sehen ihre Beziehung in aller Regel als exklusiv an. Wir können dagegen mehrere Freundinnen oder Freunde gleichzeitig haben, ohne dass das ein Problem wäre.

Die Frage, wer die nun wirklich »allerbeste« Freundin sei, stammt wohl eher aus Kinder- bzw. Jugendtagen. Aber eine zweite Partnerin, einen zweiten Partner »nebenher« erträgt eine Paarbeziehung eher nicht. Wird das heimlich gelebt, wäre es Betrug an der Person, die sich auf meine Treue verlässt. Ich kenne niemanden, den es kalt lässt, wenn seine Partnerin oder sein Partner »fremdgeht«. Kurz oder lang kommt es in solchen Fällen zu einer Trennung.

Vor Kurzem habe ich den Roman von Klaas Huizing, *Zu Dritt,* gelesen. Er beschreibt die Beziehung des Theologen Karl Barth mit seiner Ehefrau Nelly und seiner Geliebten Charlotte von Kirschbaum. Die Lektüre fand ich schmerzlich. Der international anerkannte Theologe wollte sich nicht die Blöße geben, seine Ehe scheiden zu lassen. Also holt er die Geliebte ins Haus, arbeitet intensiv mit ihr zusammen, schläft mit ihr – aber auch mit seiner Frau. Beide Frauen leiden erbärmlich, wirklich glücklich wird niemand. Am Ende kommt die Geliebte ins Altenheim, das Ehepaar bleibt zusammen.

Die Lektüre hat mich richtig zornig gemacht. Was hat dieser Mann sich eingebildet! Etwa, wenn er der Geliebten schreibt: »Liebe Lollo, bin ich wirklich ein Pascha? Ist damit etwa dasselbe gemeint, wie wenn du mich *Hausvater* oder *Bürgermeister* oder Ähnliches nennst? Wenn du mich so *sicher* in meinem Lehnstuhl sitzen und lachen siehst? Ich bin wirklich ganz verwirrt und hilflos gegenüber dieser Anklage und muß bald annehmen, daß irgendetwas daran richtig sei. Und dann wird es ja nur zu berechtigt sein, wenn mein Rehlein mich auch in Zukunft gelegentlich durch einige unerwartete Sprünge erschreckt, über nahe und ferne Freunde in heftige Worte ausbricht und bei Allem eigentlich mich meint und anders haben möchte. Ach du, ich hab dich doch einfach ganz lieb und werde mich ja gerne von dir erschrecken lassen, wenn du nur wieder bei mir bist.«[15]

Mich empört das. Was denkt sich ein Mann, der meint, mit zwei Frauen leben zu können?

Partnerschaft lebt von Vertrauen und echter Zuneigung. Es braucht eine verbindliche Entscheidung für die eine oder den anderen, ohne Wenn und Aber. Das ist auch der Wert und der Sinn einer Ehe.

In einer Freundschaft spielt im Prinzip Sexualität keine Rolle. Zuweilen wird behauptet, dass es so etwas wie »Freundschaft plus« geben kann, bei der es ab und an dazu kommt, dass zwei auch miteinander ins Bett gehen. Aber das kann ich mir nur sehr schwer vorstellen.

Für manche mag es eine Art Spiel, ein lustvolles Vergnügen sein. Aber wenn zwei miteinander schlafen – oder schöner ausgedrückt mit dem französischen Ausdruck »Liebe machen« – entsteht eine Intimität, die nicht in den Rahmen eines flüchtigen Miteinanders gehört. Der Film *Freundschaft plus* mit Natalie Portman und Ashton Kutcher (2011) zeigt, wie schnell es kompliziert werden kann, wenn die Grenzen zwischen Freundschaft und Partnerschaft als fließend betrachtet werden. Es kann allerdings sein, dass diese Wahrnehmung auch altersbedingt ist. Der Psychologe Janis Rener erklärt, die Jungen seien in sexueller Hinsicht schlicht entspannter als die ältere Generation: »Beziehungen sind bloß das, was die Beteiligten daraus machen. Manchen ist das intellektuelle Konzept hinter ihrer Freundschaft plus wichtig, weil sie damit in ihrer Peergroup punkten können. Andere verhalten sich eher wie ein verspieltes Liebespaar, und manche wollen vor allem im Bett experimentieren.«[16] Sexuelle Erfahrungen im Rahmen von Freundschaft zu sammeln, ohne sich als Paar zu verpflichten, scheint da entspannt möglich zu sein.

Auch bei Freundschaften spielt manchmal Eifersucht eine Rolle, wenn das Gefühl da ist, zwei verbringen besonders viel Zeit miteinander, sodass weniger Zeit für mich da ist. Wenn die Freundin mit einer anderen besonders viel erlebt, kann es sein, dass eine dritte sich ins Abseits gestellt fühlt und damit hadert. Aber es ist Realität, dass Menschen in der Regel mehrere freundschaftliche Beziehungen pflegen – jede mit unterschiedlicher Intensität.

Anders als eine Ehe wird eine Freundschaft nie offiziell bekannt gegeben oder beurkundet: »Wir sind jetzt befreundet.« Allenfalls das Ritual der Blutsbrüderschaft gäbe das her, aber das kenne ich nur aus Filmen, Winnetou und Old Shatterhand lassen grüßen. Oder haben heute vielleicht Tattoos diese Rolle übernommen? Denn ich höre immer wieder, dass Freundinnen oder Freunde sich ein gleiches Tattoo stechen lassen. Aber in der Breite gibt es keine gesellschaftlich festgelegten Strukturen oder Rituale für Freundschaft. Wir überreichen einander keinen Ring oder schwören uns ewige Treue. Es ist eher ein stilles Einvernehmen. Wir wissen darum. Vielleicht sprechen wir es irgendwann auch aus: »Du bist meine Freundin«, »Du bist mein Freund«. Wir reden den anderen so an, schreiben es ihr oder ihm in einem Brief. Und wir bringen unsere Freude darüber zum Ausdruck, teilen unsere Gedanken und unsere Zeit, machen uns Geschenke zu Weihnachten und zum Geburtstag, denken aneinander.

Gerät unsere Freundschaft in eine Krise, suchen wir wohl kaum eine therapeutische Beratung, wie bei einer Paarbeziehung. Vielleicht fragen wir eine Vertraute um Rat, versuchen zu verstehen, an was es hängt, dass sich das Miteinander verändert hat und nun schwieriger daherkommt.

Manche Freundschaft tröpfelt langsam aus, das Ende vollzieht sich eher im Stillen. In anderen Fällen gibt es ein jähes Ende, indem wir einen Schluss-Strich ziehen.

Wenn unser Umfeld das überhaupt nicht wahrnimmt, geht damit auch eine große Freiheit einher. Wir brauchen uns niemandem gegenüber erklären wie bei einer Scheidung. Aber es bedeutet auch, dass unser Schmerz keinen Raum hat. Und das Ende einer Freundschaft, die mir wichtig war, ist immer schmerzlich.

Seit der Film *Harry und Sally* offen die Frage thematisiert hat, ob Männer und Frauen befreundet sein können, steht sie im Raum. Harry sagt im Film: »… men and women can't be friends because the sex part always gets in the way« – der Sex kommt immer dazwischen. Und so ist es am Ende auch bei Harry und Sally: Nach ein paar Umwegen werden sie ein Paar.

Gibt es das, Freundschaft zwischen Männern und Frauen ohne sexuelle Anziehungskraft? Oder wird aus Freundschaft in der Regel doch Liebe? Bei homosexuell Liebenden wäre es natürlich dieselbe Frage mit Blick auf das gleiche Geschlecht.

Der Psychotherapeut Wolfgang Krüger erklärt: »Eine Freundschaft zwischen Männern und Frauen funktioniert, wenn eine von drei Voraussetzungen da ist:

Er ist in einer festen Bindung und erotisch erfüllt.

Sie ist nicht sein Typ oder eine Frau, die vom Aussehen und vom Verhalten her kameradschaftlich ist.

Es geht auch, wenn Männer in der Lage sind, intensive Gespräche herzustellen – aber das ist leider selten. In den meisten anderen Fällen werden es Männer immer probieren, bis zum Frühstück zu bleiben.« [17]

Nach meiner Erfahrung gibt es Freundschaft zwischen Männern und Frauen, wenn ganz klar ist, dass Sexualität keine Rolle spielt. Ich war viele Jahre mit einem Mann befreundet, bis er an Krebs starb. Er war verheiratet, ich war verheiratet, wir haben uns gut verstanden, waren beide sehr engagiert im Ökumenischen Rat der Kirche. Und wir haben einmal einen langen Abend darüber gesprochen, ob Sexualität für uns eine Bedeutung haben könnte. Da gab es gefühlsmäßig eine große Nähe, aber wir haben auch gewusst, dass es das Ende unserer Freundschaft bedeuten würde. Wir hätten die Unbefangenheit miteinander verloren und beide ein entsetzlich schlechtes Gewissen gegenüber unseren Ehepartnern gehabt – weil wir sie betrogen hätten. So war klar: keine intime Beziehung, aber Freundschaft. Es hat uns entlastet, die Frage zu thematisieren, weil sie irgendwie im Raum stand.

Er und ich haben uns bestens verstanden, wir sind zusammen essen gegangen, haben uns glänzend unterhalten und viel gelacht. Da kann eine Nähe entstehen, die den Raum für Sexualität eröffnet, das ist doch klar. Wird das nicht thematisiert, köchelt es im Hintergrund. Aber thematisieren ist auch gar nicht so einfach!

Von Zeit zu Zeit gab es solche Momente großer Nähe auch mit anderen Männern. Aber immer war mir bewusst, dass es wichtig ist, eine klare Grenze zu ziehen: wo Sympathie und Freundschaft aufhört und es um mehr geht. Freundschaft zwischen Männern und Frauen ist eben latent immer auch eine Liebesbeziehung, Eros spielt eine Rolle. »Gelegenheit macht Liebe« sagt ein Sprichwort und das trifft den Kern.

Warum ist die Ehefrau völlig entspannt, wenn ihr Mann mit zwei Freunden einen Städtetripp macht, nicht aber, wenn er dieselbe Reise mit zwei Freundinnen unternimmt? Warum findet der Ehemann es völlig normal, wenn seine Frau mit zwei Freundinnen in die Sauna geht, nicht aber, wenn sie dasselbe mit zwei Freunden tut?

Ich finde absurd, wenn solche Fragen als lächerlich abgetan werden, ob es nun um Ehe oder Partnerschaft geht. Das sollte auch nicht gleich als lästige und peinliche Eifersucht abgetan werden. Denn klar ist doch: Sexualität ist eine starke Kraft im Leben. Wenn zwei sich sehr mögen, ist der Schritt zwischen Freundschaft und Liebe nicht groß. Aber es kann fatal sein, wenn Freund und Freundin miteinander schlafen. Werden die beiden ein Paar, belastet es die vorigen Partner besonders. Sie fühlen sich in ihrem Vertrauen getäuscht.

Werden die beiden, die die Grenze überschritten haben, danach kein Paar, hat die Freundschaft ihre Leichtigkeit, ja ihre »Unschuld« verloren. Es wird nicht mehr so sein, wie zuvor.

Ich habe mit einem Freund einmal lange darüber sinniert, warum es eigentlich eher als Betrug angesehen wird, wenn ein Mann und eine Frau miteinander schlafen, als wenn die beiden einen innigen intellektuellen Austausch haben. Ich denke, es liegt an der Intimität, die Sexualität mit sich bringt, an der körperlichen Nähe, die so schön ist, aber auch ungeheuer verletzlich macht. Entsteht diese körperliche Intimität zwischen einem Freund und einer Freundin, dann verändert sich etwas. Haben beide einen Partner, betrifft das alle vier! Wenn angefangen wird, zu verheimlichen, zu leugnen und dann bald auch zu lügen, dann steht entweder die Freundschaft oder die Partnerschaft auf dem Spiel.

Ich denke, Film-Held Harry hat im Grunde recht mit seinem Statement. Es ist und bleibt spannungsvoll und schwierig, wenn wir versuchen, die Balance zu finden, was noch zu einer Freundschaft gehört und ab wann es in Richtung Beziehung driftet.

Es kann gewiss eine erotische Komponente zwischen Freundinnen, Freunden, Freund und Freundin geben. Wird diese nicht benannt, gewinnt sie viel Macht, was zum Ende der Freundschaft führen kann. Das ist bedauerlich, auch weil eine Freundschaft zwischen Männern und Frauen den Freiraum schenkt, offen fragen zu können, wie das andere Geschlecht manche Dinge sieht. Sie kann helfen, zu verstehen, warum der eigene Partner oder die Partnerin so reagiert und nicht anders. Denn das gehört zu einer guten Freundschaft: Über die eigene Paarbeziehung sprechen können! Für eine Frau kann es hilfreich sein, mit einem Mann vertrauensvoll über ihren Partner reden zu können – und umgekehrt auch. Denn das gleiche Geschlecht können wir aus eigener Erfahrung oft besser verstehen, weil sich Wünsche, Hoffnungen, Sorgen und Nöte ähneln. Klar ist: Das bleibt hier im Raum. Sonst wird es extrem unangenehm für alle Beteiligten. Denn nahezu nirgendwo sind wir so verletzlich, wie bei unseren intimsten Beziehungsfragen und unserer Sexualität.

Ein wirklich guter Freund, eine gute Freundin wird damit umzugehen wissen und das Gesagte für sich behalten.

Einmal hat ein Freund mir erzählt, das er herausgefunden hatte: Seine Frau betrügt ihn. Er hat bitterlich geweint. Ich habe versucht, ihn zu trösten, zu überlegen, wie es dazu kommen konnte. Die beiden haben es tatsächlich geschafft, die Krise zu bewältigen, und für ihn war es gut, mit einer Frau darüber zu sprechen. Aber das sind sicher seltene Gelegenheiten.

Nach meiner Erfahrung lässt sich mit Frauen schneller über Gefühle, Beziehungen und damit einhergehende Ängste sprechen. Oft kommt sehr Persönliches zur Sprache: die Erziehung der Kinder, Krankheiten, aber auch Menstruation und Klimakterium. Wahrscheinlich liegt das daran, dass diese Themen das Leben von Frauen tief beeinflussen und prägen.

Bei Männern geht es zuerst oft um den Austausch zu aktuellen Ereignissen in Politik, Sport und gesellschaftlichem Miteinander; gemeinsame Hobbys oder Reiseerfahrungen. Und es braucht lange Zeit und großes Vertrauen, bis es in Gesprächen zu persönlichen Fragen und Sorgen kommt.

Der berufliche Status, Erfolg und Leistung sind Männern in der Regel wichtiger als Frauen. Wesentliche Fragen sind: Wo stehe ich im Vergleich zu anderen – welche Türen stehen offen oder welche Entwicklungsmöglichkeiten werden mir verwehrt? Und wie sieht das mein Gegenüber?

Natürlich sind das wichtige Themen, aber eine gute Freundschaft bedeutet, dass Gespräche nicht an der Oberfläche bleiben. Es braucht eine gemeinsame (Werte-)Basis, das echte Interesse am anderen.

Der franziskanische Theologe und Männertherapeut Richard Rohr sagt, dass Männerfreundschaft auch das aufrichtige Gespräch über Sexualität braucht. Und ich ahne, dass er damit recht hat.

Freundschaft mit homosexuell liebenden Männern habe ich als besonders entspannt empfunden. Da ist von vornherein glasklar: Sexualität ist überhaupt kein Thema in der freundschaftlichen Beziehung. Nach meiner Erfahrung können schwule Männer auch viel besser über Beziehungen sprechen, sie sind sprachgewandter in Gefühlsfragen als heterosexuelle Männer. Das liegt sicher daran, dass sie sich mit ihrer Sexualität intensiv auseinandergesetzt haben, bevor ihnen selbst ganz klar war, dass sie homosexuell lieben. Und Frauen haben schlicht weniger Berührungsangst mit homosexuellen Männern als mit deren Geschlechtsgenossen.

Als ich junge Pfarrerin auf dem Dorf war, sagte jemand: Ist Ihnen das nicht unangenehm, neben einem Homosexuellen zu wohnen? Meine Antwort war: »Was kann dir als Mutter von vier Töchtern eigentlich Besseres passieren!« Sexuelle Gewalt, Übergriffigkeit und Diskriminierung erfahren Frauen von heterosexuellen Männern, nicht von homosexuellen.

Eine Therapeutin sagte mir einmal, die meisten Menschen würden von einer Paarbeziehung einfach viel zu viel erwarten. Alles soll sie leisten, und alles gleichzeitig: vertraute Nähe und genügend Freiräume für beide. Aufgeschlossenheit gegenüber Neuem und gemeinsame Hobbys; Toleranz und Verlässlichkeit; Zärtlichkeit und sexuelle Befriedigung. Ein sichtbares Bemühen um den gemeinsamen Haushalt. Großzügigkeit und Sparsamkeit. Liebevolle Erziehung der Kinder und Zeit für

Zweisamkeit; ein stets offenes Ohr für die Bedürfnisse des anderen. Das alles auf die Reihe zu bekommen, ist natürlich schlicht unrealistisch. An der einen oder anderen Stelle wird es Abstriche geben müssen. Aber weil die Ideale derart hoch sind, ist eine Beziehung oft überfordert. Deshalb tut es gut, manche Bedürfnisse in Freundschaften »auszulagern«.

Das klingt für mich sehr plausibel! Du brauchst neben der Paarbeziehung unbedingt auch Freundinnen und Freunde zum Reden, um anderes zu erleben. Es ist ja auch entspannend, wenn jemand sagt: »Ich gehe heute mit meiner Freundin ins Kino oder ins Restaurant.« Das stellt die Paarbeziehung nicht infrage, sondern ist einfach gut. Wenn zwei ständig aufeinanderhocken, kann das durchaus auch als Enge empfunden werden. Dann ist ein wenig Distanz hilfreich. Insofern ergänzen sich Freundschaft und Paarbeziehung. Sie sind erst einmal gar keine Konkurrenz.

Es lässt sich nicht voneinander trennen …

Andererseits kann das Verhältnis von Paarbeziehung und Freundschaft durchaus auch spannungsvoll sein. Wenn beispielsweise neue Partnerinnen und Partner ins Spiel kommen, verändert sich meist etwas in der Freundschaft, die ich mit jemandem schon länger pflege. Eine Freundin sagte: »Wenn meine Freundinnen sich frisch verlieben, sind sie auf einmal weg!« Oft ist das so, weil Paare, die frisch verliebt sind, so viel Zeit wie möglich mit dem Partner, der Partnerin verbringen wollen. Zweisamkeit steht ganz oben auf der Tagesordnung und alle anderen sind nicht mehr so wichtig. Das ist einerseits natürlich verständlich. Eine neue Liebe ist überwältigend, sie bringt große Gefühle mit sich und auch Veränderungen. Aber eine neue Liebe sollte doch nicht eine alte

Freundschaft abhängen! Manches Mal hält die Freundschaft ja sogar länger als die Liebe, weil sie beständiger ist. Und Freund oder Freundin fühlen sich ein wenig als emotionale Mülleimer, wenn sie erst dann wieder gebraucht werden, um den Liebeskummer zu bewältigen.

Aber es gibt auch die Konstellationen, in denen der Freund bzw. die Freundin die neue Partnerin oder den neuen Partner nicht mag. Versuche, sich gemeinsam zu treffen, werden quälend und zäh. Oder es gibt spitze und ironische Bemerkungen. Sticheln die Freundin und der eigene Partner gegeneinander, kann das eine echte Belastung sein. Eine derartige Situation stellt Freundschaft auf eine schwere Probe. Oder sie führt sogar dazu, dass das Gefühl entsteht: Es geht nicht mehr, wir müssen das jetzt beenden. Besser die Freundin verabschieden, als den Partner verlieren.

Wenn der Partner oder die Freundin vom jeweils anderen kritisiert und immer wieder infrage gestellt wird, ist das irritierend, weil du beide sehr schätzt, sonst wären sie nicht dein Partner oder deine Freundin. Es könnte aber auch sein, dass eine solche Spannung ein Indiz dafür ist, dass etwas nicht stimmt – mit der Freundschaft oder der Partnerschaft. Denn eigentlich sind uns ja Menschen sympathisch, die sich ähnlich sind.

Andererseits denke ich: Es müssen sich nicht immer alle mögen. Wenn klar wird, dass es gemeinsam nicht funktioniert, ist es besser, die Freundschaft getrennt von der Partnerschaft zu pflegen. Sich zum Beispiel zu zweit zum Essen zu treffen, sich für eine Wanderung mit Übernachtung oder einen Wellnessnachmittag zu verabreden. Dann können Freunde reden wie in alten Zeiten!

Auseinandersetzungen, Streit und Missverständnisse gehören zum Leben dazu. Die Frage ist dann, ob wir einander verzeihen können. Da kann ein Satz sein, der sich im Gedächtnis festnagt. Und du verstehst nicht, wie sie das zu dir sagen konnte. Oder er hat sich so verhalten, dass du es einfach nicht nachvollziehen kannst und dich fragst: Ist das der Mann, den ich respektiere und als Freund schätze? Dann steht indirekt die Frage im Raum: Kann unsere Freundschaft diese Krise bewältigen, oder gehen wir auseinander? Denn das unterscheidet Freundschaften von Ehepaaren: Auseinandergehen funktioniert mit leichtem Gepäck. Wir sehen einander einfach nicht mehr. Da muss kein Scheidungsvertrag her, keine gemeinsame Wohnung aufgelöst werden. Das ist vielleicht traurig, aber wahr: Wege können sich auch trennen. Und doch tut so ein Ende weh.

Einen Freund habe ich verloren oder vielleicht auch »zurückgelassen«, weil seine Beziehung mit meiner Freundin auseinanderging. Er hatte irgendwann eine neue Partnerin, meine Freundin hat furchtbar darunter gelitten. Sie war bitter betrogen worden, und ich konnte das nachempfinden. Auch dass er sich neu verliebt hatte, war auf den ersten Blick nichts Ungewöhnliches.

Anfangs dachte ich, es müsste doch möglich sein, mit beiden befreundet zu bleiben. Warum sollte meine Freundschaft enden, weil die Partnerschaft der beiden zu Ende war? Ich habe es fast ein Jahr lang versucht. Aber es ging nicht. Freundschaft fordert ja auch Solidarität ein. Du kannst nicht vertrauensvoll mit beiden Seiten einer zerbrochenen Paarbeziehung sprechen, das ist jedenfalls meine Erfahrung. Denn von beiden Seiten gibt es Misstrauen, ob du als Freundin etwas weitererzählst, was vertraulich bleiben soll. Die Möglichkeit, dass jemand das entgegen aller guten Vorsätze tut, besteht ja auch tatsächlich, gerade weil Freunde sich so lange und so gut kennen und es bislang kein Problem war, offen zu reden.

Oder du verstehst als Freundin vielleicht eine Seite besser als die andere. Kurzum: Es war schwierig, letztlich nicht machbar. Und heute habe ich nur noch Kontakt zu ihr …

Bei einem anderen Freund war es genau umgekehrt. Es gab große Turbulenzen rund um die Trennung von seiner Ehefrau, in denen ich ihn begleitet habe. Er hatte mir anvertraut, dass es eine neue Liebe gab, wollte das aber nicht öffentlich machen, um seine Frau nicht zu verletzen, seine Kinder nicht vor den Kopf zu stoßen. So hat er versucht, in Ruhe und mit Anstand die Scheidung zu gestalten, und erst mit einem gewissen Abstand die neue Beziehung öffentlich gemacht. Ich habe ihn dann in zweiter Ehe getraut. Er hat gesagt, er werde mir nicht vergessen, dass ich damals für ihn da war. Da ich seine jetzige Ehefrau sehr mag, hat der ganze schmerzhafte Prozess die Freundschaft vertieft.

Manchmal wird aus einer Freundschaft tatsächlich eine Paarbeziehung. Das Lied *1000 und 1 Nacht* erzählt davon: »Tausendmal berührt, tausendmal ist nix passiert«, heißt es dort. Die Zeile »und es hat Zoom gemacht« beschreibt das Gefühl, wenn einen Menschen die Liebe überwältigt, sehr schön.

Da ist in einer Freundschaft Vertrauen gewachsen, Nähe, gegenseitiges Verständnis. Der Schritt zur Liebe ist nicht weit. Das kann großartig sein, aber auch das gesamte Umfeld irritieren. Es ist ein Wagnis. Als ich das einmal aus der Ferne erlebt habe, dachte ich: Aber es ist stimmig. Die beiden haben eigentlich schon immer gut zusammengepasst. Nur sind weder sie noch andere auf die Idee gekommen, dass sie auch als Paar gut zusammenpassen.

Wenn eine Freundschaft die Paarbeziehung überdauert, wird dies Teil der Geschichte, die Freundinnen und Freunde miteinander teilen. Es wird Teil des Erzählfadens: »Weißt du noch, als du mit E. zusammen warst?« Und das ist eben auch eine Facette von Freundschaft: Erinnerungen teilen an schöne Zeiten, aber auch an schmerzhafte Erfahrungen, ja sogar an Dummheiten, an die nur eine Freundin dich erinnern darf. Wenn zwei Freundinnen dann darüber im Nachhinein lachen können, hilft das auch, Wunden zu heilen, manches vernarben und schließlich ruhen zu lassen.

Gaben zwei sich einen Abschiedskuß,
Anscheinend zwei Freundinnen.
Stieg die eine in den Omnibus.
Und der Omnibus fuhr von hinnen.

Die im Omnibus saß mir zugewandt.
Und ich sah, daß in ihrem Gesichte
Noch lange ein liebes Lächeln stand;
Das erzählte eine kleine Geschichte.

Joachim Ringelnatz

Familien- und Freundschaftsbande

Richtig gute Freunde haben auch eine Beziehung zur Familie. Freundinnen und Freunde meiner Kinder kamen bei uns spontan nach der Schule mit zum Mittagessen. Viele davon mochte ich gern. Ich habe sie mit in den Urlaub genommen, ihr Leid und ihre Freuden waren Thema bei uns. Das alles gelingt sehr gut, wenn Familie und Freunde sich sympathisch sind. Wenn dies nicht der Fall ist, kann es sehr schnell sehr schwierig werden.

Da entstehen wechselseitig Vorwürfe: »Deine Familie bremst dich ständig aus«, oder: »Deine neue Freundin zieht dich runter.«

Dazu gibt es einiges an »Weisheiten« wie zum Beispiel: »Blut ist dicker als Wasser«, oder: »Freunde sucht man sich aus, Familie hat man.«

Beide Erfahrungen bestätigen sich oft bei näherem Hinsehen. Wenn Geschwister sich nicht völlig zerstritten haben – was ich furchtbar finde –, werden sie im Notfall ohne jede Frage füreinander einstehen. Familienbande halten uns zusammen, auch über Widerstände hinweg. Und es stimmt auch: Freundinnen und Freunde suchen wir uns, weil sie unsere Lebenseinstellungen teilen, eine ähnliche politische Einstellung oder den gleichen Glauben haben. In einer Familie kann dies alles sehr, sehr unterschiedlich ausfallen. Bei Freunden gehe ich davon aus, dass wir die gleiche Haltung zu bestimmten Lebensfragen haben.

Als ich meinen 60. Geburtstag gefeiert habe, war mir wichtig, dass sich meine Familie und meine Freundinnen und Freunde treffen. Manche kennen sich natürlich schon viele Jahre. Bei anderen, die ich in beruflichen Zusammenhängen getroffen habe, war es eine Erstbegegnung. Ich fand schön, wie viele miteinander ins Gespräch gekommen sind. Es war für die einen ein fröhliches Wiedersehen mit Staunen über die Veränderungen und für andere ein völlig neues Aufeinander-treffen. Am Ende sollte es stimmig sein, denn ein Leben mit all seinen Facetten lässt sich nicht strikt in verschiedene Bereiche trennen: hier die Familie, dort die Freunde. Es ist ein Beziehungsgeflecht.

Zu vielen meiner Verwandten habe ich einen engen Draht. Meine Kinder und Enkel sind mir besonders nahe. Aber ich bin heilfroh, Freundinnen zu haben, mit denen ich über sie sprechen kann!

Wenn jemand wie Almut meine Töchter von Kindesbeinen an kennt und ich ihre ebenso, ist das besonders leicht, sich über das eine oder andere auszutauschen. Muttersein bestimmt einen großen Teil meines Lebensgefühls. Mit wem könnte ich darüber besser reden als mit einer Freundin, die auch Mutter ist? Inzwischen geht es mir so, dass ich froh bin, wenn Freundinnen ebenfalls Großmutter werden. Denn auch das ist ein ganz neuer Lebensstatus, über den ich mich gern mit ihnen austauschen möchte.

Du brauchst ja einen geschützten Raum, um die eigenen Gefühle zu reflektieren. Und wie gut tut es, wenn die Freundinnen das verstehen können, was dich umtreibt. Wenn sie ähnliche Beobachtungen wie du gemacht haben, die gleichen Konflikte kennen, genau nachvollziehen können, wie du dich wohl jetzt gerade fühlst. Oder wenn sie dir den Spiegel vorhalten und du auf einmal begreifst, was eigentlich los ist in deiner Beziehung zur Tochter.

Muttersein finde ich großartig, und zugleich ist es eine unglaubliche Herausforderung! Hätte ich nicht immer Freundinnen gehabt, mit denen ich darüber sprechen konnte, was gerade anstand, hätte ich viele Probleme kaum bewältigt.

Der Psychotherapeut Jörg Bopp hat einmal gut beschrieben, warum wir nicht nur den Schutz *in* der Familie, sondern manchmal auch Schutz *vor* der Familie brauchen. Kinder müssen sich erproben über die »Versorgungsbeziehung« hinaus – durch Freundschaften als erste sozial ganz eigenständige Bindung. Er schreibt: »Aber nicht nur die Kinder, sondern auch die Eltern sind auf solche Bindungen angewiesen: einmal, um die Routinen und Einseitigkeiten im Verhältnis zum Ehepartner auszugleichen; zum anderen, um sich den Ansprüchen der Kinder teilweise zu entziehen; denn Kinder hegen die Illusion, die Eltern seien nur für sie da und sie selbst seien für die Eltern immer die interessantesten Partner.«[18]

Das ist ein wichtiger Aspekt, denke ich. Bei aller familiären Liebe zueinander braucht es auch Distanz und Eigenständigkeit. Rein symbiotische Beziehungen engen die freie Entfaltung ein. Und das Pochen auf den Faktor »Liebe« kann eine Belastung darstellen. Bopp schreibt recht ernüchternd, aber auch hilfreich: »Bei der Gestaltung enger menschlicher Beziehung werden der Sympathie und Liebe oft ein zu großer oder gar exklusiver Einfluss eingeräumt. Eigenschaften wie Respekt, Diskretion, Pragmatismus, Toleranz, Selbstironie werden dagegen vernachlässigt. Dabei sind sie nicht selten elastischer und dauerhafter.«[19] Und das stimmt ja: Respekt muss doch bleiben, wenn die Liebe geht. Diskretion muss bleiben, wenn Freundschaft endet. Die andere Meinung tolerieren, das bringt mich weiter, als nur meine Meinung zuzulassen. Es ist gut, Beziehungen nicht nur auf Liebe und Sympathie zu reduzieren. Das gilt für Paare, aber auch für Freundschaften – und selbst für Eltern-Kind-Beziehungen.

Dass Familie und Freundschaft ein heikles Thema sein kann, weiß schon die Bibel! Ich denke an eine Szene, in der Jesus sich von seiner Familie abgrenzt: *Und es kamen seine Mutter und seine Brüder und standen draußen, schickten zu ihm und ließen ihn rufen. Und das Volk saß um ihn. Und sie sprachen zu ihm: Siehe, deine Mutter und deine Brüder und deine Schwestern draußen fragen nach dir. Und er antwortete ihnen und sprach: Wer ist meine Mutter und meine Brüder? Und er sah ringsum auf die, die um ihn im Kreise saßen, und sprach: Siehe, das ist meine Mutter und das sind meine Brüder! Denn wer Gottes Willen tut, der ist mein Bruder und meine Schwester und meine Mutter. (Mk 3,31 ff.)*

Bei diesem Bibeltext habe ich schon oft gedacht: Das muss seine Mutter Maria und die Geschwister Jesu verletzt haben! Wenn Freunde an die Stelle der Familie treten, die Familie im Namen der Freundschaft zurückgewiesen wird, ist das eine tiefe Demütigung. Das Miteinander innerhalb der Familie wird empfindlich gestört.

Ich finde es erstaunlich, dass die Bibel dass thematisiert, wirft es doch durchaus ein kritisches Licht auf Jesus, den Sohn. Aber es zeigt, was schon die Kirchenväter formulierten: Er war eben auch wahrer Mensch.

In der Pubertät, manchmal auch bei jungen Erwachsenen kommt solches Verhalten bis heute vor: Freundschaften erscheinen wichtiger als die familiären Bande. Das liegt sicher auch daran, dass junge Leute sich absetzen, anders oder auch besser leben wollen als ihre Eltern.

Persönlich ist für mich die Balance wichtig. Meine Familie wird immer an erster Stelle stehen was Solidarität, Einsatz und Liebe betrifft. Aber ein Leben ohne Freundinnen und Freunde kann ich mir nicht vorstellen. So kann ich meine Familienbeziehungen mit Freundinnen reflektieren, ich darf auch mal kritisch darüber sprechen, wenn mich familiäre Konstellationen belasten. Aber meine Freundinnen wissen immer, wie sie das einschätzen können. Es geht mir nie um Abgrenzung, sondern ich muss schlicht meiner Seele etwas Luft verschaffen, indem ich mit jemand Vertrautem über kritische Fragen spreche. Mit einer Freundin, die selbst eine erfahrene Mutter ist, kannst du unbefangen darüber reden, wie anstrengend Töchter oder Enkel manchmal sein können. Beide wissen wir gegenseitig voneinander, dass wir genau diese Töchter und Enkel unhinterfragbar lieben.

Wo sonst lässt sich darüber sprechen, dass Muttersein und Großmuttersein oder auch Vatersein und Großvatersein seine schwierigen Seiten hat? Wo kann darüber gelacht werden, was für absurde Situationen manches Mal entstehen, wenn nicht im vertrauten Raum einer Freundschaft?

Als eine Freundin nach Jahren das erste Mal etwas Kritisches über ihre Tochter sagte, dachte ich: »Jetzt sind wir über den schönen Schein hinweg und reden ganz offen miteinander. Das ist wohl der Beginn von Freundschaft.« Sie musste kein perfektes Idealbild mehr malen, sondern hat mir so vertraut, dass sie auch die Schwierigkeiten in der Familie thematisieren konnte.

Offensichtlich ist es kulturell bedingt, dass wir uns über so etwas austauschen können, ohne uns zu schämen. Bei einem Besuch in Japan erklärte mir eine Gesprächspartnerin, es gebe in ihrer Kultur nicht die private Vertrautheit wie wir sie in Deutschland kennen. Freundinnen oder Freunden würde sie niemals von ihren privaten Problemen erzählen, das »schicke sich nicht«.

Was ist das für ein Verständnis von Freundschaft? Gerade über die persönlichen Belastungen muss ich doch sprechen können in dem Vertrauen, dass meine Freundin das nicht als Belastung empfindet!

Für mich gehört zur Freundschaft elementar dazu, Freiräume zu haben, auch die privaten Probleme anzusprechen, ohne dass ich dafür gleich Lösungen erwarte. Und ohne dass mir das zum Nachteil angerechnet wird.

Es ist ein großes Glück, dass ich genau diese Offenheit, dieses gemeinsame Suchen nach tragfähigen Lösungen, schon so oft im Gespräch mit meinen Freundinnen und Freunden erfahren habe!

Vergesset nicht
Freunde
wir reisen gemeinsam

besteigen Berge
pflücken Himbeeren
lassen uns tragen
von den vier Winden

Vergesset nicht
es ist unsere
gemeinsame Welt
die ungeteilte
ach die geteilte

die uns aufblühen lässt
die uns vernichtet
diese zerrissene
ungeteilte Erde
auf der wir
gemeinsam reisen

Rose Ausländer [20]

»Ich habe fünfhundert Freunde!«

Haben wir die anrührenden, ja hoch emotionalen Texte vor Augen, die im Laufe der letzten Jahrtausende über die Freundschaft geschrieben wurden, die Poesie der Dichter, den Klang der Lieder – dann ist die Kommunikation via Facebook und anderen moderne Plattformen ziemlich flach. Ein Smiley, ein Like durch hochgestreckten Daumen, den ich bei Facebook anklicke, signalisiert ja nicht Zuneigung oder Freundschaft. Es ist eher eine nette Spielerei nebenbei. Wer lässt sich denn durch solche Banalität beeinflussen?

Ein Bekannter sagt mir: »Ich habe 500 Freunde bei Facebook« – innerlich seufze ich. Sind das Freunde? Was bedeutet denn Freundschaft? Das ist doch viel mehr und viel größer als irgendeine unverbindliche Internetbekanntschaft, die man mit einem Doppelklick anbahnt und anschließend ebenso schnell wieder aus dem Blick verliert.

Soziale Netzwerke werden Plattformen wie Facebook genannt. Aber sozial geht es dort oft überhaupt nicht zu. Es werden lose Fäden und Verbindungen geknüpft, viele nutzen das Ganze auch schlicht als Selbstdarstellungs- und Werbemöglichkeit. Anderen macht es offenbar Freude, dort jemanden zu diffamieren, zu beleidigen und zu bedrohen. »Trolle« werden verharmlosend diejenigen genannt, die sich auf üble Weise an derartigen Aktionen beteiligen, um den politischen Gegner oder irgendeinen Prominenten, dessen Nase einem nicht passt, zu attackieren. Unter dem Schutzmantel der Anonymität wird gehetzt, werden Unwahrheiten verbreitet. Und irgendwelche »Freunde« machen dabei allzu gern mit.

Inzwischen hat die Gesetzgebung zum Glück eingesehen, dass es an dieser Stelle dringenden Handlungsbedarf gibt. Netzbetreiber werden aufgefordert, IP-Adressen und Nutzungsprofile preiszugeben, wenn der Verdacht auf eine Straftat besteht. Dabei will ich die neuen Medien gar nicht verteufeln, sie können in der Tat auch eine soziale Komponente haben.

Und ich denke, Freundschaft kann tatsächlich auch über Internet, Facebook oder Instagram entstehen. Aber sie braucht die Begegnung face to face, um zu wachsen.

Wer es unbedingt darauf anlegt, kurzfristig virtuell Freundinnen und Freunde zu finden, wird vermutlich scheitern. Wie bei vielem gilt: Es braucht Zeit! Aber es gibt durchaus tolle neue Möglichkeiten, andere kennenzulernen und zu schauen, ob daraus Freundschaft werden kann. Ich denke an Plattformen wie nachbarschaft.net oder nebenan.de. Menschen, die im selben Umfeld wohnen, verabreden sich zum Theater, andere suchen Mitspieler beim Doppelkopf, wieder andere Musiker, die mit ihnen proben, oder jemanden, der ihnen beim Renovieren hilft.

Auf diese Weise können Menschen in unserer heute oft abgeschotteten Lebenssituation miteinander in Kontakt kommen. Und es dann gelassen angehen: Finden wir uns interessant, treffen wir uns öfter, oder eben auch nicht.

Echte Freundschaft kann nur durch Begegnung, gemeinsames Erleben, Gespräche, ein wechselseitiges Herantasten entstehen. Sie ist niemals einseitig, sondern es muss eine gemeinsame Lust am Miteinander wachsen. Wenn sich der Wunsch entwickelt, sich möglichst bald wieder zu treffen, zu telefonieren, Neues mitzuteilen, ist das ein Indiz, dass Freundschaft in Sichtweite ist.

Mal eben einen Blogbeitrag zu schreiben, ein Like bei Facebook einzutragen oder bei Twitter zurückzutweeten ist das eine. Aber Freundschaft braucht die Fähigkeit, wirklich zuzuhören und sich dann in die andere Person hineinzudenken. Was hat sie im Sinn, was treibt sie an, was freut sie – oder was lehnt sie ab? Oft kommt es in solchen Punkten auf Nuancen an, die wir nur dann wahrnehmen, wenn wir uns Zeit lassen, die Ruhe haben, alles auf uns wirken zu lassen. Später noch einmal neu darüber nachzudenken, statt direkt zu meinen, ich hätte alles verstanden. Es geht auch gar nicht darum, immer gleich alles zu bewerten!

Manchmal sehe ich bei einer Freundin durchaus kritisch, was sie erzählt. Aber ich kann es so stehen lassen, das ist erst einmal ihr Empfinden, ihre Wahrnehmung.

Wenn jemand sofort urteilt, das Gesagte direkt einordnet, ist mir das oft zu schnell. »Ich kenne das genau« – höre ich den anderen sagen, und denke, es wäre gut, wenn mein Gegenüber sich die Zeit nehmen würde, zu verstehen, was ich eigentlich meine. So ein Satz kann eine erfreuliche Bestätigung sein, wenn uns jemand gut kennt. Oder aber auch ein vorschnelles Festlegen – Schublade auf, und rein mit dir.

Die Gabe des Zuhörens darf uns nicht verloren gehen in einer Zeit, in der alles derart schnell kommentiert wird. Kaum gepostet, stehen schon 25 Kommentare unter einem Beitrag auf der Social Media Seite. Nicht nur, dass beim Lesen auch direkt zu merken ist, dass derjenige, der dies schrieb, sich dafür wenig Zeit nahm – der Beitrag strotzt vor Buchstabendrehern –, er geht auch komplett am Thema vorbei. Es wird nicht die Meinung des anderen aufgegriffen, kritisch betrachtet und weitergedacht. Nein, es wird auf die Schnelle ein Kommentar abgegeben. Da schreibt jemand, dass es ihm richtig schlecht geht, eine Art seelischer Hilferuf. Vielleicht ist die Beziehung zerbrochen, der lang gehegte Reisetraum geplatzt oder der Vater gestorben. Und irgendeiner postet direkt: »Wird schon wieder, Kopf hoch, Alter.« Das ist wenig einfühlsam, auch wenn es vielleicht nett gemeint ist.

Meine Freundin Almut hat mir einmal gesagt, an unserer Freundschaft sei ihr so wichtig, dass sie sich wirklich verstanden weiß. Das ist ein entscheidender Punkt, denke ich. Und so etwas will erarbeitet werden. Jemanden verstehen, braucht Zeit, Empathie, echtes Interesse.

Wenn zwei Menschen sich über eine Internetplattform kennenlernen und feststellen, dass sie augenscheinlich einige Gemeinsamkeiten haben, sollten sie sich unbedingt bald real begegnen, um im wahrsten Sinne des Wortes herauszufinden, ob sie sich auch riechen können! Denn virtuell ist schlicht ganz anders als die Wirklichkeit. Nutzer von Partnerbörsen und Kennenlern-Portalen wissen darum, was alles schieflaufen kann.

Freundschaft und Beziehungen brauchen ganz reale Begegnungen, Nähe und gemeinsames Erleben, damit Vertrauen und Verlässlichkeit entstehen. Virtuell kannst du eine Person spielen, die du nicht bist. Sehen zwei sich dann von Angesicht, kann dies mit einer riesigen Enttäuschung enden – weil es gar nicht passt. Oft ist schon im ersten Moment klar: Daraus wird nichts. In anderen Fällen bestätigt sich der gute Eindruck, den wir aufgrund der Beschreibungen auf der Online-Plattform gewonnen hatten.

Wenn eine Freundschaft aber erst einmal existiert und eine solide Grundlage hat, kann sie auch virtuell fortgeführt werden. Dann bieten die neuen Medien großartige Möglichkeiten, auch über die Distanz von Zeit und Ort hinweg in intensivem Kontakt zu bleiben, etwa durch Facetime, WhatsApp oder Skype.

Der Mensch lebt notwendig in einer
Begegnung mit anderen Menschen,
und ihm wird mit dieser Begegnung
in einer je verschiedenen Form eine
Verantwortung für den anderen
Menschen auferlegt.

Dietrich Bonhoeffer

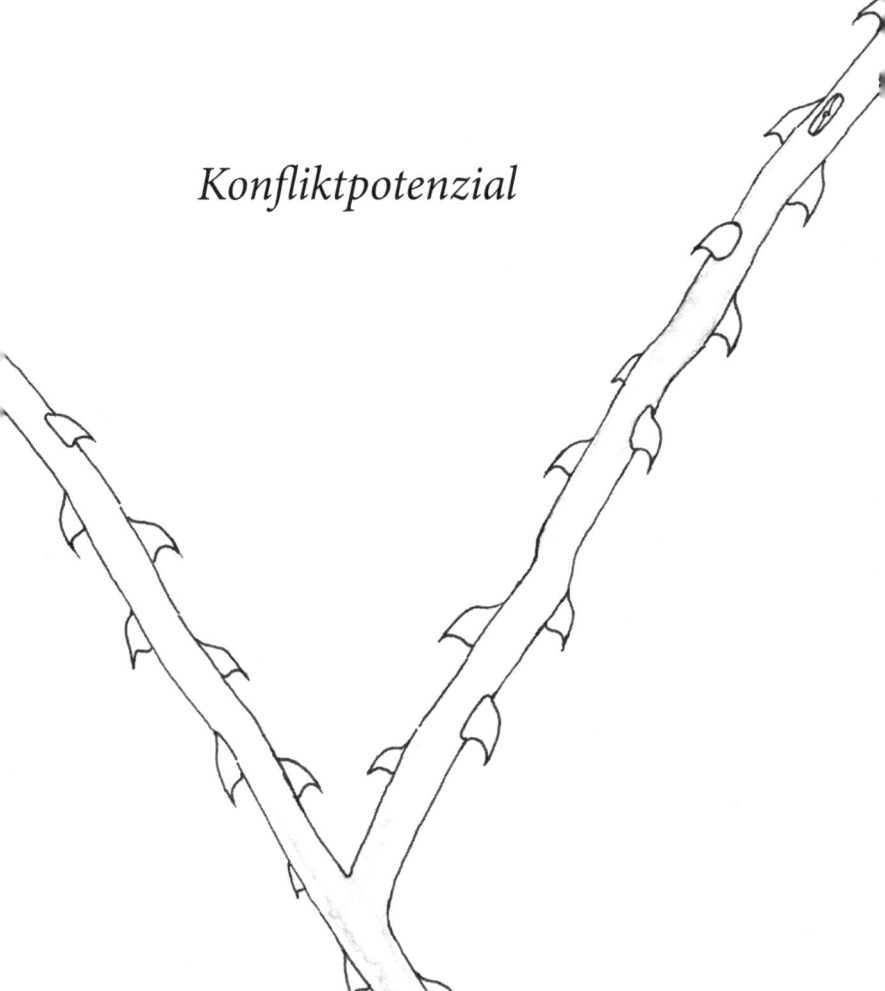

Konfliktpotenzial

Wenn ich mich einem anderen Menschen gegenüber öffne, mache ich mich verletzbar. Insofern spüren viele am Beginn einer Freundschaft dieses Risiko: Was, wenn mein Vertrauen missbraucht wird? Wenn ich jemandem meine Gefühle oder Geheimnisse anvertraue – und der oder die andere kann den Mund nicht halten? Sie erzählen anderen davon, lachen vielleicht sogar darüber. Dann fühle ich mich lächerlich gemacht, ja entblößt. Insofern sind die ersten Schritte auf dem Weg zu einem vertrauensvollen Miteinander, gerade wenn wir älter sind, oft von Vorsicht begleitet und von der Frage: Wie weit will ich mich überhaupt öffnen?

Vertrauen ist immer ein Wagnis. Wessen Vertrauen einmal missbraucht wurde, wird zögern, jemandem sein Vertrauen zu schenken, gerade wenn man sich noch nicht so gut kennt … Zaghaft werden weniger vertrauliche Dinge geteilt, quasi als Test: Hält der andere sein Versprechen, Stillschweigen zu wahren, wirklich ein?

Schwierige Themen ansprechen

Besonderes Fingerspitzengefühl braucht es, wenn mich eine Freundin oder ein Freund um meine Meinung zu einem schwierigen Thema fragt. Ein Beispiel: Sie erzählt von einer Situation, die völlig verfahren ist, und es wird offensichtlich, dass es einen klaren Schnitt braucht. Aber meine Freundin eiert herum, traut sich nicht, der Wahrheit ins Auge zu sehen. Oder ein Freund rast vor Wut. Am liebsten würde er sofort den Job aufgeben und seinem Chef gründlich die Meinung sagen. Eine andere fährt seit Jahren einen »Kuschelkurs« in allen Konfliktsituationen, und es ist eigentlich jetzt an der Zeit, ihr verständlich zu machen, dass es Klarheit und eine Entscheidung braucht.

Mir ist durchaus bewusst: Ich sollte nun Position beziehen. Um der Freundschaft willen. Aber wie fange ich es an? Und wie wird mein Gegenüber, das sich in etwas verrannt hat, meinen Rat aufnehmen?

Am Ende gerate ich zwischen die Fronten und verbrenne mir den Mund oder die Finger, wie es im Volksmund heißt. Einen verärgerten oder gar zornigen Menschen zu besänftigen, ist keine leichte Aufgabe.

Irgendwann geht es dann schlicht um die Wahrheitsfrage: Sage ich, was ich denke? Oder schone ich den anderen oder auch mich selbst, um die Freundschaft nicht zu gefährden? Kritik kann massiv verletzen – manches Gespräch nimmt wirklich einen schlechten Ausgang, weil der andere es in den »falschen Hals« bekommt. Dann war es das mit der Freundschaft. Aber gleichzeitig wollen wir ja Ehrlichkeit!

»Du meinst was?!?«, klingt ein Satz aus einer derartigen Situation in mir nach. Ich hatte versucht, einer Bekannten einen guten Rat mitzugeben. Es war nett gedacht – sie verstand es als Kampfansage, als Affront gegen ihre Person. Wie konnte ich es wagen, mich in ihr Leben einzumischen? Solche Gespräche, die gut gemeint sind, aber ungewollt in tiefen Missverständnissen oder gar einem Zerwürfnis enden, sind schrecklich. Deshalb ist es mit der Offenheit tatsächlich auch ein Wagnis. Oft sind viele Emotionen im Spiel. Und dann hören wir etwas, das so gar nicht gesagt wurde. Oder ein Satz von uns kommt beim Gegenüber völlig anders an, als er gemeint war.

Meine Erfahrung ist, dass ich von einer Freundin, einem Freund Kritik gut annehmen kann, weil ich weiß, sie ist konstruktiv. Sie wollen mich nicht niedermachen, sondern auf etwas hinweisen, was ich verbessern oder verändern kann. Wenn ich es so sehe, ist Kritik gut und wirklich hilfreich. Wir brauchen ein solches, liebevolles Korrektiv im Grunde alle. Denn wir sind nicht perfekt.

Eine Freundin sagte einmal: »Du sagst ständig ›sozusagen‹, merkst du das eigentlich?«

Nein, ich hatte es nicht gemerkt, aber ich war froh, dass sie so offen war.

Eine andere meinte: »Wenn dir etwas nicht passt, schaust du auf dein Handy, und alle merken es!« Uff, gut, dass sie es mir gesagt hat, ich wollte nicht despektierlich agieren.

Und wie ist das bei mir selbst? Ich habe Mühe, Kritik zu üben. Ich will niemanden verletzen, scheue oft eher den Konflikt. Da ist immer die Befürchtung, eine langjährige Freundschaft könnte enden, wenn ich das tue. Wie sage ich ihr, dass sie sich merkwürdig verhält, oder ihm, dass er sich mit der neuen Liebe verrannt hat? Wahrscheinlich gehört zu einer echten Freundschaft auch eine gewisse Langmut im Sinne von: »Du kannst dich darauf verlassen, dass ich dich mag.« Dann kann ich dem anderen sagen: »Was du gerade in deinem Leben fabrizierst, wie du diesen Konflikt mit deinem Kollegen angehst, das finde ich echt problematisch.« Allerdings gehe ich dabei das Risiko ein, dass mein Gegenüber verletzt ist.

Besonders dramatisch kann es mit Blick auf Beziehungen werden. Du siehst, dass der Freund, die Freundin sich neu verliebt, die alte Beziehung infrage stellt und denkst: »Achtung, Vorsicht, überleg genau, was du tust!« Aber sagst du es ihm oder ihr dann auch? Mir geht es ja selbst so: Auf manche Kommentare anderer kann ich gerne verzichten.

Susann Sitzler ist überzeugt, Freundschaften seien von Regeln und Idealen geprägt. Sie schreibt: »Wir erwarten von Freunden, dass sie bessere Menschen sind als all diejenigen, die nicht unsere Freunde sind, und dass sie das immer wieder beweisen. Doch wir erwarten von unseren Freunden noch mehr. Wir erwarten auch, dass sie möglichst nah an unsere persönlichen Ideale reichen.«[21]

Ich bin mir da nicht sicher. Meine Freundinnen haben alle Stärken und Schwächen, wie ich. Aber ich erwarte bestimmte Grundhaltungen: Ehrlichkeit, Menschlichkeit, Weltoffenheit.

»Beim Geld hört die Freundschaft auf.«

Dieses Sprichwort ist wohl durch die Erfahrung entstanden, dass über Geld Streit entstehen kann, dass sich in die Beziehung ungute Gefühle einschleichen.

Meine Freundin Ariane hat mir einmal in einer schwierigen Situation einen größeren Geldbetrag geliehen. Um der Klarheit willen bat sie mich, das schriftlich zu bestätigen. Ich fand das erst merkwürdig – sie kennt mich doch –, sie müsste doch wissen, dass ich das Geld so schnell wie ich kann zurückzahle. Aber dann dachte ich: Gut so, dadurch wird Unklarheit und ein möglicher Konflikt vermieden. Im Grunde hat sie so die für mich unangenehme Bitte versachlicht, das war sehr hilfreich. Ich war erleichtert, als ich die Summe zurückgeben konnte, und froh, dass eine sachliche Frage auch klar, korrekt und nüchtern gehandhabt wurde. Daraus habe ich etwas gelernt: Klarheit kann in einer Freundschaft hilfreich sein, um Emotionalität und Sachfragen zu trennen.

Es gibt auch nicht nur Gesprächsbedarf, wenn es ums Leihen von Geld geht. Ein Beispiel: Eine Freundin und ich gehen zusammen essen. Sie zahlt die Rechnung, während ich zur Toilette gegangen bin. Mir ist das unangenehm, weil ich überzeugt bin, sie hat letztes Mal auch schon gezahlt, ich wäre dran gewesen mit Einladen. Fast wäre es an diesem Abend darüber zum Streit gekommen. Jetzt haben wir eine neue Regel: Wir teilen in solchen Situationen einfach die Rechnungssumme, und das klappt gut. Letztes Beispiel: Eine Freundin lädt mich zum Frühstück in ein schönes Café ein, weil sie mit mir und anderen feiern will. Es wird ein längeres Frühstück, in aller Ruhe. Am Schluss sehe ich, dass sie der netten und sehr bemühten Kellnerin fast gar kein Trinkgeld gibt. Ich weiß, dass sie genug Geld verdient, das ist nicht der Grund. Deshalb hat mich dieser kleine Zug, die Spur von Geiz, die auf einmal zum Vorschein kam, irritiert. Ich habe das nicht angesprochen, um sie nicht zu kompromittieren. Geiz ist schlicht keine sympathische Eigenschaft. Im Nachhinein denke ich, ich hätte ich es tun sollen … dann wäre es aus der Welt. Vielleicht war es nur ein Missverständnis und ihr fehlte Kleingeld, dann hätte ich das Trinkgeld gern übernommen.

Auf jeden Fall wurde mir klar, dass ich Menschen mag, die freigiebig sind, großzügig. Ja, das muss man sich leisten können. Aber manchmal scheint mir: gerade diejenigen, die wenig zum Teilen haben, sind besonders großzügig.

Auch das Maß von Nähe und Distanz kann ein Streitpunkt sein. Will die eine sich ständig treffen, stetig über alles informiert werden, kann es sein, dass die andere Mühe hat, zu sagen: Das ist mir zu viel! Dann gibt es Klärungsbedarf, was denn die jeweiligen Erwartungen an die Freundschaft sind.

Streit in einer Freundschaft kann auch über politische Haltungen entstehen. Wahrscheinlich heißt es deshalb in den USA, beim Abendessen dürfe über alles gesprochen werden, nur nicht über Politik und Religion.

Eine gute Diskussion um politische Fragen finde ich aber stets anregend, Meinungsverschiedenheiten können den eigenen Horizont erweitern. Klar ist allerdings auch: Unterscheiden sich die Meinungen ganz grundsätzlich, wird es schwierig mit der Freundschaft.

Dabei kann es eine Vertiefung von Freundschaft sein, wenn wir Konflikte miteinander durchstehen. Mit einer Freundin gab es eine Phase, in der sie mein Verhalten überhaupt nicht mehr nachvollziehen konnte. Uns haben Welten getrennt, ich fühlte mich unter Druck, sie fühlte sich abgehängt. Uns hat das beide verletzt, weil wir so ganz anders empfunden haben. Wir haben das zusammen ausgefochten, miteinander gerungen, aber einander auch nicht losgelassen, weil wir uns seit vielen Jahren so schätzen und mögen. Die Beziehung war es wert, den Konflikt durchzustehen, uns dadurch nicht zu trennen.

Für mich war das eine wichtige Erfahrung: Du kannst in einer Freundschaft auch solch einen tiefen Konflikt haben. Es kann Tränen geben, Zorn und Entfremdung. Aber wenn es beiden die Sache wert ist, sie um die Beziehung kämpfen, geht die Freundschaft gestärkt daraus hervor.

Auch Neid kann zum Konflikt führen. Ich kann von mir sagen, dass ich mich neidlos mitfreue, wenn einer Freundin etwas gelingt, ein Freund glücklich ist. Wir dürfen auch mal sagen: Ich beneide dich, dass du dir das leisten kannst! Ich beneide dich, dass du so einen tollen Partner – oder auch so eine tolle Figur – hast. Daraus spricht der Stolz, dass diese Person mit dir befreundet ist. Ich finde, wenn wir dieses Gefühl – »Ich beneide dich« – offen aussprechen, zieht es ihm den Giftzahn. Wenn Neid aber im Inneren eines Menschen vor sich hingrummelt, wird er im wahrsten Sinne des Wortes »gelb vor Neid«. Das hält eine Freundschaft nicht aus, davon bin ich überzeugt. Der anderen etwas gönnen, darum geht es.

Als eine Freundin von mir völlig überraschend eine Erbschaft erhielt, habe ich mich riesig mit ihr gefreut, weil sie sich dadurch eine wunderbare Eigentumswohnung kaufen konnte. Das war für mich damals unvorstellbar. Jahre später war ich selbst in der Lage, mir ein Häuschen zu kaufen – und sie hat sich mitgefreut.

Solches »einander etwas gönnen« braucht es, um Freundschaft zu ermöglichen, wenn es beruflich, finanziell oder in Partnerschaft und Familie gerade sehr unterschiedlich zugeht.

Am Neid können Freundschaften zerbrechen, vielleicht ist es auch ein tief sitzender Schmerz. Wenn etwa die eine schwanger wird und die andere ihr das neidet, weil sie sich so danach sehnt. So eine Diskrepanz miteinander auszuhalten ist schwer. Hat die eine einen wunderbaren Partner, die andere ist nach der Scheidung allein und fühlt sich als drittes Rad am Wagen, das kann Freundschaft manchmal nicht tragen. Dann kann es besser sein, die Beziehung auslaufen zu lassen, als sich ständig mit den unterschiedlichen Lebenssituationen zu konfrontieren. Die eine hat ein schlechtes Gewissen, weil es ihr so gut geht, die andere möchte nicht zum Objekt von Mitleid werden. Es ist schwer und manchmal wohl unmöglich, das in ein gutes Miteinander zu bringen.

*»Jede auf ihre Art« –
verschiedene Formen
von Freundschaft*

Freundschaften können nicht nur in ihrer Intensität sehr verschieden sein. Ich denke, es gibt so etwas wie »Freundschaften auf dem Wege« oder auch »Freundschaften mit Lücken«. Solche Freundschaften haben ein besonderes Format. Sie können anlassbezogen aufflammen und dann wieder in der Versenkung verschwinden – aber keine der Beteiligten findet das schlimm oder despektierlich. Es gibt eine Art inhaltlichen Grundkonsens, den beide jederzeit abrufen können, weil er durch eine Vertrauensbasis getragen wird.

Ich denke an Antje Vollmer. Wir kennen uns seit vielen Jahren, verstehen uns gut und sind uns immer wieder begegnet: bei Kirchentagen, auf Konferenzen und Empfängen. In den acht Jahren, in denen ich in Berlin gelebt habe, konnten wir uns ab und an zum Frühstück verabreden. Da gab es stets eine große inhaltliche Nähe, wir konnten im wahrsten Sinne des Wortes über Gott und die Welt reden. Und danach haben wir uns monatelang nicht gesehen, überhaupt nicht kontaktiert. Ist das denn auch Freundschaft? Ich denke, ja. Das Miteinander ist vor allem stark inhaltlich geprägt. Uns interessieren die gleichen Themen, dieselben Fragen, wir können vertrauensvoll miteinander reden. Würden wir uns morgen sehen, könnten wir direkt an das letzte Gespräch, das Monate – oder sogar schon Jahre – zurückliegt, anknüpfen und weiterreden: über Klimafragen, politische und kirchliche Entwicklungen, aber auch darüber, was es bedeutet, Großmutter geworden zu sein.

Freundschaften auf dem Wege

Mit Janice Love, einer sehr engagierten Professorin in den USA, bin ich seit vielen Jahren befreundet. Wir haben uns in der Zeit gut kennengelernt, in der wir beide in Gremien des

Ökumenischen Rates der Kirchen aktiv waren. Damals haben wir viel miteinander erlebt, auf Reisen, auf Konferenzen, im Gespräch miteinander und mit anderen.

Am Anfang, wir haben uns 1983 kennengelernt, hatte ich einfach nur großen Respekt vor ihr und habe sie oft bewundert. Sie schien mir meilenweit entfernt mit ihrem Renommee, ihrem Können, ihrer Reputation. Wir schätzten uns im Laufe der Zeit mehr und mehr. Aber Freundschaft war das noch nicht, eher eine gute Bekanntschaft, wir trafen uns bei etlichen Tagungen. 1991 sollte ich dann als ihre Nachfolgerin in den Exekutivausschuss des Ökumenischen Rates der Kirchen einziehen. Ein Kreis von 15 Personen aus aller Welt, ein Ehrenamt mit großer Verantwortung. Zu meinen Aufgaben sollte auch die Leitung einer der Themengruppen gehören. Mein Englisch war gut, aber die Abstimmungsverfahren nach den Regularien und die Moderation der Gruppe stellten eine Herausforderung für mich dar. Ich hatte Angst, ob ich das alles leisten könnte, zumal ich mit dem vierten Kind schwanger war. Was, wenn es mit dem Kind doch schwierig wird? Darf ich das Amt annehmen? Ich habe mich getraut, Janice um Rat zu bitten. Ihre Antwort war glasklar: Sie könne zwar überhaupt nicht verstehen, warum ich noch ein viertes Kind wolle. Aber wenn das so wäre, dann ginge das niemand anderen etwas an – und ich müsse es auch vor der Wahl nicht erzählen. Das sei klar Privatsache. Und in Sachen Kompetenz: Jeder Mann würde sich das zutrauen, ich gefälligst auch! Ihre amerikanische Art war etwas gewöhnungsbedürftig, aber von da an wurde aus Bekanntsein Freundschaft.

Wir hatten Vertrauen zueinander, sie machte mir Mut – und ein bisschen konspirativ war es auch. Bis heute denke ich gern an diese Situation zurück. Janice half mir mit ihrer Klarheit, das Hin und Her in meinem Kopf zu klären und eine Entscheidung zu treffen. Ich habe kandidiert und wurde gewählt. Sie hat mir geholfen, mir das Amt selbst zuzutrauen.

Von Janice habe ich auch gelernt, dass Freundschaft Konflikte überstehen kann – nicht immer, aber es ist möglich. Damals hat Janice eine Kommission geleitet, die den Verbleib der orthodoxen Kirchen im Ökumenischen Rat der Kirchen sicherstellen sollte. Der von ihr mit ausgehandelte Kompromiss hat mich maßlos enttäuscht. Und der Vorschlag, es solle keine Abstimmungen mehr geben, sondern nur noch Konsensentscheidungen, hat mich empört. Ich stand auf, ging ans Mikrofon und trat von meinem Amt zurück. Meine Lebensenergie wollte ich lieber für ein ökumenisches Engagement in Deutschland verwenden.

Meine Freundin Almut würde jetzt sagen: Eine typische Margot-Situation, spontan entschieden – und das war es! Sie hätte recht. Mir war in dem Moment, als ich empört an das Mikrofon trat, nicht bewusst, dass ich damit natürlich auch Janice einen Schlag verpasste, sie hatte den Kompromiss schließlich mühsam ausgehandelt. Andere haben dann auch prompt versucht, uns gegeneinander auszuspielen. Es war die kluge Janice, die alles in Ruhe analysieren konnte und erklärte, sie habe vollsten Respekt für meine Entscheidung, sei als Vermittlerin aber schlicht in einer anderen Rolle gewesen.

Über viele Jahre und den Atlantik hinweg haben wir uns an den unterschiedlichsten Orten getroffen, und es war jedes Mal eine Freude. Mal kam sie zu einem Vortrag beim Evangelischen Kirchentag, dann lud sie mich zu einem Vortrag nach Atlanta ein. Beide waren wir bei einer internationalen Kirchenkonferenz gefragt.

Immer wieder hatte sie mich auch gefragt, ob ich nicht für eine Gastprofessur nach Atlanta kommen könnte. Jedes Semester gibt es zwei Plätze für Dozenten aus dem Ausland. Ich musste regelmäßig absagen, mit vier Kindern und dem Amt als hannoversche Landesbischöfin war eine fünfmonatige Abwesenheit nicht vereinbar. Dann kam alles anders.

Am Tag nach meinem Rücktritt rief Janice mich an und sagte: »Margot, now is the time!« Und das war einfach großartig. Sie hatte alles von den USA aus beobachtet und ihr war völlig klar: Ich musste erst einmal weg, Abstand gewinnen, und auch den anderen Abstand ermöglichen. Sie hat mir angeboten, bei ihr zu Hause zu wohnen, aber am Ende fand ich ein Zimmer im Studierendenwohnheim besser. Mehr als fünf Monate war ich in Atlanta. Wir haben uns oft gesehen, aber jede hatte auch ihren Freiraum. Die gemeinsame Zeit hat unsere Freundschaft vertieft. Janice kann sagen: »I love you.« Dann muss ich lachen, so etwas kommt uns Deutschen schwerlich über unsere Lippen, wenn es nicht um Partnerschaft geht. Aber es ist auch schön, so etwas zu hören. Und ich liebe Janice ja echt auch – aber sagen würde ich es so nicht!

Die Zeit in den USA und beim Ökumenischen Rat ist lange vorbei, die Treffen sind seltener geworden. Inzwischen lebt unsere Freundschaft vom virtuellen Kontakt per Telefon, Facetime und Skype.

Die Beziehung zu Jan zeigt mir: Freundschaft braucht nicht ständige Anwesenheit. Aber sie braucht Vertrauen, innere Verbundenheit und das Wissen: Du könntest *jetzt* anrufen und sofort wieder an das Miteinander anknüpfen, dass wir lange Zeit unmittelbar geschätzt haben. Dass Sie mir in einer dramatischen Situation zur Seite stand und mich aus der Schusslinie zog, in dem Sie mich in die USA einlud, werde ich ihr nie vergessen!

Janice kann mir auch immer wieder nachvollziehbar erklären, was in den USA gerade vor sich geht. Ich war oft dort, seit ich 1974 als Austauschschülerin ein Jahr in Connecticut verbracht habe. Aber ich kann von außen manche Entwicklungen nur sehr schwer verstehen.

Wie konnte nur jemand wie Donald Trump Präsident der Vereinigten Staaten werden? Unfassbar für viele Europäer.

Janice hat als Politikwissenschaftlerin eine große analytische Kompetenz, das ist so hilfreich, um Zusammenhänge zu sehen. Sie ist geprägt von der Bewegung um Martin Luther King, ihr Vater war damals als Pfarrer in der Bürgerrechtsbewegung stark engagiert. Wohl dadurch hat sie diese eher unamerikanische Sensibilität für andere Kulturen, für Minderheiten, für Besonderes. Janice ist eine tolle Frau!

Zu ihrem 60. Geburtstag haben wir uns in New York getroffen. Manche haben gesagt: »Spinnst du? Für drei Tage nach New York? Viel zu kurz, und was das kostet!« Mir war es das wert und es waren so schöne intensive Stunden miteinander. Und zu meinem 60. ist sie allen Ernstes von Atlanta nach Usedom gekommen! Was für eine Anreise! Es hat mich glücklich gemacht, sie in dem kleinen Dorf an meinem Geburtstag um mich zu haben, und ich bin ihr dankbar, dass sie das möglich gemacht hat!

Sie ist ein Mensch, der einfach sofort mit allen in Kontakt kommt, ganz gleich, ob es eine Sprachbarriere gibt oder nicht. Kompetent, klug und kommunikativ geht sie auf die Menschen zu. Es war soooo lustig, Janice hier zu haben. Irgendwie haben alle ihr Englisch aktiviert, um sie einzubinden und sie hatte keinerlei Problem, zu kommunizieren. Walter Homolka hat sie sofort in ein Gespräch über eine Gastprofessur verwickelt und versucht, die nette Wirtin der Pension, in der sie untergebracht war, nicht bemerken zu lassen, wie schockiert sie war, dass es bei so hohen Temperaturen keine Klimaanlage gab.

Janice ist ein Typ Frau, den ich schon immer bewundert habe, auch, weil sie eine hohe Kompetenz zur Moderation hat – sie kann intensiv Kompromisse ausloten, unterschiedliche Meinungen in eine Balance bringen. Das ist eine große Gabe der Diplomatie! Offen gestanden fehlt mir dafür die Geduld. Oder ich hänge oft zu sehr an meiner Überzeugung und würde es als Verrat ansehen, einem Kompromiss zuzustimmen. Deshalb könnte ich auch niemals eine Diplomatin sein! Aber Janice kann das.

Diplomatie braucht Kompromisse. Wenn viele versuchen, einen Weg zu finden, mit dem zwei Konfliktparteien leben können, entsteht kein fauler Kompromiss – der Fleiß lohnt sich.

Aber in Zeiten eines Präsidenten Donald Trump scheint es nur noch um »Deals« zu gehen, bei denen einer der »Gewinner« ist. Gute Diplomatie weiß darum, dass gemeinsame Zukunft Verhandlungen braucht, bei denen nicht einer als Sieger vom Platz geht und der andere als Verlierer. Die Entspannungspolitik der 70er-Jahre in Deutschland war für mich ein Symbol dafür oder auch der »Wandel durch Annäherung«.

Kompromisse nicht als Schwäche, sondern als Stärke zu sehen, das muss offenbar neu gelernt werden in einer Zeit, in der Macho-Typen an die Macht gewählt werden und so tun, als könnten sie allein mit Kraftmeierei dem Eigeninteresse einer Nation dienen.

In einer globalisierten Welt ist das noch absurder als früher, aber einige haben mit diesem Gehabe offenbar Erfolg. Als ich bei einem Telefonat mit Konstantin Wecker darüber klagte, wie sehr mich das enttäuscht und auch fassungslos macht, sagte er: »Margot, das ist doch nur das letzte Aufbäumen des Patriarchats, weil sie wissen, dass sie verloren haben!« Das finde ich trostreich. Hoffen wir mal, dass es stimmt!

Konstantin Wecker ist für mich so etwas wie ein Bruder im Geiste. Freund wäre zu viel gesagt, dafür kennen wir uns nicht gut genug und wissen gar nicht so viel Persönliches übereinander. Aber wir stehen für dieselbe Sache ein: für Pazifismus, die Ablehnung von Auslandseinsätzen der Bundeswehr, für ein Ende von Rüstungsexporten. Das kann ein gutes Band von gegenseitiger Sympathie bilden. Mir ist wichtig, dass es neben Freundschaften solche Verbindungen gibt: sympathisch, empathisch, Menschen, von denen wir wissen, sie denken und empfinden wie wir.

Als ich vor ein paar Jahren von einem Shitstorm überzogen wurde, nachdem ich auf die Frage, was Jesus zu Terroristen sagen würde, mit Jesu Worten geantwortet habe: »Liebet eure Feinde, betet für die, die euch verfolgen«, ist Konstantin mir spontan zur Hilfe gekommen und hat mich über seine Kanäle verteidigt. Gemeinsam wurden wir dann zu einer Radiosendung nach München eingeladen und haben uns sofort gut verstanden. Wir sind Pazifisten aus unterschiedlichen Motiven, aber das ist am Ende sekundär.

Das habe ich besonders bei der Berliner Demonstration gegen den Irakkrieg 2013 gespürt. Gemeinsam mit Bischof Huber habe ich damals eine Friedensandacht im Berliner Dom gehalten. Ein paar Tausend Christinnen und Christen haben teilgenommen. Danach öffneten sich die Kirchentüren und wir gingen hinein in den Demonstrationszug von einer halben Million Menschen. Die Christen waren Teil der Demonstration, nicht unterscheidbar von den Umstehenden, die aus anderen Motiven teilgenommen haben. Es spielte keine Rolle, woher wir kamen. Es war wichtig, dass wir zusammen unsere Stimme gegen den Krieg erhoben haben und in dieselbe Richtung gingen.

Nach unserer Begegnung beim Bayerischen Rundfunk haben Konstantin Wecker und ich ein Buch zum Pazifismus herausgegeben. Das hat uns Freude gemacht, es war einfach ein schönes, ein sinnvolles Projekt. Uns wurde deutlich, dass wir nicht allein stehen, sondern in einer Tradition von beeindruckenden Menschen, die für ihre pazifistische Haltung wesentlich mehr als wir – nämlich ihr Leben riskiert haben. In Wittenberg konnten wir zum Reformationsjubiläum 2017 eine schöne Lesung gestalten. Konstantin hat seine großartige Musik beigetragen, ich habe aus den Texten gelesen. Hätten wir mehr Zeit, würde ein Freundschaft aus unseren Begegnungen werden, davon bin ich überzeugt. Wie nennen wir das jetzt? »Freundschaftlich verbunden«, schlage ich einmal vor. Und es ist schön, dass es auch diese Form gibt!

Alles hat seine Zeit

Freundschaften brauchen manchmal eine bestimmte Zeit, einen bestimmten Ort oder auch eine bestimmte Lebenssituation. Zieht eine der Freundinnen weg, plätschert die Freundschaft aus, ohne dass dies gewollt war. Auf einmal merkst du, dass der Kontaktfaden verloren gegangen ist, ohne dass das böse Absicht gewesen wäre oder es einen Anlass gegeben hätte.

Es kostet Zeit, Freundschaften aufrechtzuerhalten. Gerade in der Rushhour des Lebens mit Beruf und Kindern ist das manchmal schlicht nicht möglich.

Ich denke an Swetlana. Sie hat sich 2003 in der Bischofskanzlei als Sekretärin beworben. Nach meiner Erinnerung waren sieben Bewerberinnen in der Endauswahl, die ich mir anschauen sollte. Ich fand solche Gespräche oft schwierig, weil ich in der Regel nach Gefühl und nicht nach Aktenlage entschieden habe, mit wem ich zusammenarbeiten möchte. Kurzum: Ich mochte Swetlana und habe sie eingestellt.

Schnell zeigte sich, dass sie »viel auf dem Kasten hat«, wie es umgangssprachlich heißt. Sie war einfach großartig, umsichtig, sympathisch und kompetent. Als sie den schweren Weg gegangen ist, nebenberuflich das Abitur nachzuholen, haben mein Team und ich sie dabei unterstützt. Ich habe sie in erster Ehe getraut, obwohl ich skeptisch war, was ihren Mann betraf. Als ich nach Berlin ging, musste sie durch das tiefe Tal ihrer frühen Scheidung. Ich habe sie angerufen und gesagt: »Schüttle den Staub von deinen Füßen, das steht schon in der Bibel!« Sie kam nach Berlin, wurde meine Assistentin, hat auf wunderbare Weise meine Arbeit als Reformationsbotschafterin unterstützt. Und als dann Sibille als zweite Kollegin dazukam, waren wir einfach ein tolles Frauenteam. Es gab unter uns nie so etwas wie »Zickenkrieg«! Wer sagt, Frauen könnten nicht zusammenarbeiten, hat ein falsches Bild.

Swetlana war für mich mehr als nur eine Mitarbeiterin. In einer so engen Zusammenarbeit gibt es auch privaten Austausch, da ist ein freundschaftliches Miteinander gewachsen. Dass sie wieder geheiratet hat und mit zwei Töchtern jetzt glücklich in Berlin lebt, macht mich sehr froh. Wir sind immer wieder in Kontakt, tauschen uns aus, reden oftmals ganz vertraut, so als wäre sie meine fünfte Tochter. Aber wir sind in sehr verschiedenen Lebensphasen: sie in der schon genannten Rushhour mit Kindern und Beruf, ich inzwischen im Ruhestand. Wahrscheinlich wird der Kontakt auf Dauer weniger werden, aber das ist nicht schlimm. Wir mögen uns, das wissen wir beide. Wir müssen uns nicht oft sehen, damit die Verbindung zwischen uns bleibt. Und unser gegenseitiges Vertrauen wurde schon oft genug getestet.

Wer so eng und so lange zusammenarbeitet, steht berufliche Konflikte gemeinsam durch, teilt aber auch die privaten Höhen und Tiefen. Vor Kurzem hat sie mich gebeten, ihre Töchter zu taufen, darauf freue ich mich!

Solche »Freundschaften auf dem Wege« kenne ich auch mit zwei anderen Frauen, die ich manchmal lange nicht sehe oder höre. Wir kennen uns seit Langem. Stefanie und ich sind jahrelang in Hannover zusammen gejoggt. Wer zweimal die Woche miteinander läuft, redet über Gott und die Welt. Da entsteht Vertrautheit. Ich finde Stefanies Engagement großartig: Sie ist als Ärztin für Menschen da, die am Rande der Gesellschaft stehen, engagiert sich in der AIDS-Hilfe und hat einen Verein gegründet, der unbürokratisch Hilfe leistet. An Gesprächsthemen hat es uns nie gemangelt, oft haben wir, wenn die Zeit wieder wie im Flug vergangen war, gelacht und gesagt: »Jetzt brauchten wir noch eine Runde um den Maschsee!«

In den acht Jahren, in denen ich in Berlin war, haben wir uns nur einmal gesehen. Aber seit ich wieder in Hannover lebe, treffen wir uns ab und an und kommen sofort wieder ins Gespräch.

Ein anderes Beispiel ist Annette. Sie und ich haben viel erlebt, in der Zeit, in der ich im Ökumenischen Rat der Kirchen aktiv war. Als Journalistin hat sie darüber berichtet.

Sie verliebte sich in einen Niederländer, zog nach Amsterdam, bekam ein Kind. Jahre später wurde die Ehe geschieden. Wir sind immer lose in Kontakt geblieben. Aber wenn eine die andere brauchte, gab es stets ein offenes Ohr. Beispielsweise, als ihre Mutter starb und wir lange telefoniert haben.

Nach meinem Rücktritt als Landesbischöfin belagerten Fernsehteams und Fotografen, Paparazzi und Journalisten unser Haus. Sobald sich jemand am Fenster zeigte, machte es hinter Bäumen und Sträuchern und von umliegenden Dächern »Klick, klick, klick«. Das war unerträglich. Ich musste mit meiner jüngsten Tochter dringend aus dieser Situation raus. Also habe ich Annette angerufen und gefragt, ob sie uns aufnehmen kann. Sie hat sich spontan gefreut, und so sind wir zu ihr nach Amsterdam gefahren und hatten gemeinsam mit ihrem Sohn einige schöne Tage.

Ich mag Annette einfach gern, und wir kennen uns seit vielen Jahren und wenn wir uns mal wiedersehen, wie zu meinem 60. Geburtstag, dann ist da ganz schnell das alte Gefühl von Vertrautheit. Ich hoffe, wir sehen uns bald in Amsterdam, das ist jedenfalls der Plan …

Freundschaften in verschiedenen Lebensphasen

Mir ist klar, dass es nicht immer gelingt, einen Kontakt auf gute Weise aufrechtzuerhalten. Ein Mann erzählte mir, dass er einen sehr guten Freund einige Zeit nicht gesehen hatte. Dann haben sich die beiden endlich wieder einmal zu einer kleinen Tageswanderung verabredet. Sie haben viel miteinander gesprochen – aber die alte Vertrautheit wollte sich einfach nicht einstellen, es blieb beim Austausch von Belanglosigkeiten. Er war enttäuscht, denn die Männerfreundschaft hatte ihm lange Zeit viel bedeutet. Als seine Kinder klein waren – auch sein Freund hatte Kinder in ähnlichem Alter –, konnten sie sich über Freuden und Sorgen, das ganze Spannungsfeld von Beruf, Ehe und Kindern, wunderbar austauschen. Inzwischen hatten sich die Lebenssituationen stark verändert und auseinanderentwickelt. Jeder von ihnen setzte verschiedene Prioritäten, es fehlte das gegenseitige Verständnis. Vielleicht war auch das Interesse aneinander schlicht weniger geworden?

Ich habe das selbst auch erlebt: Du versuchst, an alte Zeiten und gute Gespräche anzuknüpfen, aber es gelingt einfach nicht. Da können zwei noch nostalgisch-froh über Vergangenes sprechen – aber das gute Gefühl von damals lässt sich nicht in die Gegenwart transportieren.

Denn auch das gehört zur Freundschaft: Das Leben muss zusammenpassen. In der Phase, als unsere Kinder klein waren, war es schön, mit Menschen befreundet zu sein, die in einer ähnlichen Familiensituation steckten. Zum einen konnten wir uns über Themen austauschen, die alle gemeinsam interessierten. Zum anderen war es einfach praktisch: Treffen sich die Freundinnen, kommen die Kinder gerne mit.

Ich bin auch mit Frauen befreundet, die jünger oder älter sind als ich. Da ist beispielsweise Anne. Wir kennen uns seit 25 Jahren. Sie ist dreizehn Jahre jünger als ich. In Krisenzeiten ihres Lebens war ich manchmal für sie eine Art »mütterliche Freundin«, bei der sie in aller Freiheit um Rat fragen konnte. Später war sie Kollegin. Und bei unserem letzten Treffen hatte ich auf einmal das Gefühl, der Altersunterschied spielt gar keine Rolle mehr, wir sind befreundet, weil wir schon so lange miteinander vertraut sind.

In der Regel aber bin ich mit Frauen in einer ähnlichen Lebensphase befreundet. Ein Freund meinte, das hänge sicher auch mit den Neigungen zusammen, die wir teilen: Beispielsweise haben wir in unserer Jugend dieselbe Musik gehört, erinnern uns an dieselben Ereignisse, teilen bestimmte Erinnerungen.

»Weißt du noch, wo du warst, als die Mauer fiel«, fragen sich Menschen Mitte 20 logischerweise nicht. Und schon gar nicht, wo sie bei der Mondlandung 1969 waren. An Technomusik werde ich keinen Gefallen mehr finden, ich bin mit der Rockmusik der 70er-Jahre aufgewachsen. Freundinnen und Freunde finde ich eher in meiner eigenen Generation als unter den sehr viel Jüngeren oder sehr viel Älteren. Unvergessen wird mir bleiben, wie wir in einer kleinen Runde von Ost- und Westdeutschen auf dem Usedomer Achterwasser eine Geburtstagstour machten. Dem Geburtstagskind fiel durch irgendeinen Zusammenhang Nina Hagen ein: »Du hast den Farbfilm vergessen!«. Wir konnten das zusammen schmettern, es war entspannt und lustig, zeigte aber auch die Nähe einer Generation – selbst über die Mauer hinweg. Die Musik unserer Jugend prägt uns ja. Jüngere hätten uns sicher nur stirnrunzelnd angeschaut …

Wie Freundschaften entstehen

Manche Freundschaften entwickeln sich spontan: Bei einem Konzertbesuch sitzen zwei Menschen zufällig nebeneinander, oder sie treffen sich bei einem Picknick von Freunden oder im Urlaub am Strand. Beide haben Lust, Drachen steigen zu lassen. Der eine hat einen Lenkdrachen dabei. »Wollen Sie auch mal probieren?« Und ja, der andere will!

Zwei sehen sich, mögen sich direkt, verstehen sich prima, tauschen sich aus – und verabreden sich gleich für die kommende Woche oder sogar den nächsten Tag zu einem weiteren Treffen. Ein Miteinander, das sich aus einer eher losen Bekanntschaft heraus ergibt und dann mehr und mehr intensiviert, wächst hin zu einer Freundschaft.

Oder es gibt einen Anlass und auf einmal vertieft sich die Beziehung, weil es eine gemeinsame Erfahrung gibt. Auch das erlebe ich immer wieder: Du lernst jemanden kennen, die Begegnungen werden häufiger, Vertrauen entsteht.

Ich denke an Hanna, eine Kollegin, die ich schon lange kenne. Wir waren uns jahrelang eher sporadisch begegnet. Doch dann entschloss sie sich zu meiner Überraschung, mich in Atlanta zu besuchen, als ich für fünf Monate dort an der Universität war. Wir haben sehr intensive Tage miteinander erlebt, vielleicht weil uns eine fremde Umgebung das Gemeinsame stärker wahrnehmen lässt.

Auf meinen Vorträgen und Veranstaltungen treffe ich natürlich viele Menschen. Eine Frau aus Leipzig, Ellen, ist zu vielen meiner Veranstaltungen gekommen. Dort haben wir uns meist kurz begrüßt und ein paar Worte gewechselt. Irgendwann haben wir uns auf Usedom getroffen und festgestellt, dass sie genau den Ort besonders liebt, an dem ich ein Häuschen habe. Über die Jahre ist eine engere Beziehung und Freundschaft gewachsen.

Einmal hing ich auf dem Weg zu einem Vortrag mittags in Leipzig fest, weil ein Zug ausfiel. Schnell war klar: »So komme ich niemals pünktlich nach Meißen.« Mir kam der Gedanke, Ellen anzurufen. Es war mir etwas unangenehm, ich habe gezögert, ob ich das machen kann. Sie hatte aber damit offenbar keinerlei Probleme, hat mich mit ihrem kleinen Auto vom Hauptbahnhof in Leipzig abgeholt und pünktlich zum Veranstaltungsort nach Meißen gebracht. Toll, dass sie spontan gesagt hat: »Klar, keine Frage.« Als Dankeschön habe ich sie beim nächsten Treffen auf Usedom zum Essen eingeladen.

Bei anderer Gelegenheit hat Ellen mich nicht nur von einem Gottesdienst in Zwickau mit nach Leipzig genommen, sondern auch für Proviant gesorgt und einen grandiosen Picknickkorb voller Köstlichkeiten vorbereitet. Das ist etwas, das ich an mehreren Freundinnen bewundere: die Versorgungskompetenz! Dieses Gespür mancher Frauen, was jetzt gerade guttun würde. Ich muss gestehen, dass ich selbst diese Gabe nicht habe, aber mich verwöhnt fühle, wenn ich sie bei anderen genießen kann. Auch das gilt es in einer Freundschaft zu lernen: von der anderen etwas annehmen, ohne es sofort ausgleichen zu wollen. Mir fällt das schwer. Aber es ist ja dann wirklich Freundschaft, wenn wir wissen: Über die Jahre gleicht sich das Geben und das Nehmen aus, auch das Reden und das Zuhören. Eine gute Freundschaft kommt da immer wieder in eine gute Balance.

Mit Ellen und deren Freundinnen und Freunden ist es spannend, über die Erfahrungen in Ost- und Westdeutschland zu sprechen. Das geht bei uns inzwischen unbefangen, weil keine belastenden Vorurteile im Weg stehen. Vielleicht liegt das auch daran, dass uns verbindet, evangelisch zu sein. Für sie war das in der DDR – und ist es auch jetzt in der Minderheitensituation in Ostdeutschland – ganz gewiss ein besonderer Faktor. Glaubens-Gemeinsamkeit, bringt auch Vertrauensvorschuss mit sich, das ist mir in den letzten Jahren bewusster geworden. Das gilt für Deutsche mit Ost- oder Westherkunft, aber auch international! Manches Mal, wenn ich im Ausland ankam und ein Pfarrer oder ein Kirchenvorsteher haben mich abgeholt, dachte ich: Das ist echt besonders! Sie nehmen dich auf, obwohl sie dich nicht kennen, du vertraust dich ihnen an, obwohl du sie nie zuvor getroffen hast.

Ich war durch den »Kleinen Grenzverkehr« oft in der DDR und kannte über kirchliche Verbindungen viele Ostdeutsche. Nach der friedlichen Revolution hatte ich 1990/91 einen Lehrauftrag in Leipzig und habe als Generalsekretärin den Leipziger Kirchentag 1997 vorbereitet. Zur Vorbereitung des Reformationsjubiläums 2017 habe ich viele Orte in Ostdeutschland besucht. In Wittenberg war ich 2017 gefühlt fast täglich.

In meiner Wahrnehmung haben die Westdeutschen den Ostdeutschen viel zu wenig zugehört. Sie sind angetreten mit dem Anspruch, alles sowieso längst verstanden zu haben. Das macht mich manchmal richtig zornig. Es gibt eine Hermeneutik des Verdachts, als seien alle »Ossis« Hinterwäldler oder bei der Stasi und die Technologie der DDR damals grundsätzlich nicht wettbewerbsfähig gewesen. Das ist viel zu kurz gegriffen! Mich interessiert auch bei meinen Nachbarn auf Usedom, wie sie gelebt haben. Sie alle haben spannende Biografien, und die Ereignisse des Jahres 1989 waren ein massiver Einschnitt in ihr Leben.

Es braucht einen geschützten Raum, um darüber zu reden, weil all die Klischees, die zeitweise verbreitet wurden und die

»Übernahmementalität« der Westdeutschen viele Ostdeutsche dazu gebracht hat, sich abzuschotten, lieber nichts zu erzählen. Sie spürten intuitiv an vielen Stellen, dass kein wirkliches Interesse an ihrem Leben in der DDR vorhanden war. Von oben herab betrachtet zu werden, zuweilen sogar etwas mitleidig, ist demütigend. Sicher kann das nicht verallgemeinert werden – aber vielerorts hat eine derart herablassende Haltung verhindert, dass Ost und West mit den je eigenen Erfahrungen auf Augenhöhe zusammenwachsen konnten.

Eine echte Erzählkultur braucht es zwischen Deutschen, die in Ost oder West aufgewachsen sind. Nur in einer Freundschaft findet sich das Vertrauen, offen darüber zu sprechen, denke ich. Manchmal habe ich den Eindruck, auch dreißig Jahre nach der Wende sind wir noch vorsichtig: Kann ich das jetzt so sagen? Kriegt der andere das vielleicht in den falschen Hals? Bin ich jetzt ein »Jammer-Ossi« oder ein »Besser-Wessi«?

Ich denke, Ellen und ich können das inzwischen gut. Da ist ein Grundvertrauen, eine Grundsympathie, sodass klar ist: Was ich sage, ist nicht negativ gemeint, sondern spiegelt echtes persönliches Interesse! Das unterscheidet sich deutlich von einem bemüht freundlichen Zuhören. Das eine ist Begegnung auf Augenhöhe, das andere steht für eine herablassende Haltung.

Wenn Freundschaft entsteht, ist ein Vertrauensraum da, zu erzählen, nachzufragen, zu verstehen. Das ist mir wichtig, weil ich mich manches Mal dafür schäme, wie Westdeutsche sich nach 1989 aufgeführt haben, wirklich wie Besser-Wessis. Und einige haben sich auch die Taschen vollgestopft, mit Zuschüssen aus dem Programm Aufbau-Ost, ohne die Menschen im Blick zu haben, um die es eigentlich ging: die Arbeiter und Angestellten, deren »volkseigene« Betriebe nach der »Wende« über die Klinge gingen, diejenigen, die von der Treuhand ausgegrenzt oder abgewickelt wurden. Das Thema sollte jedenfalls nicht der AfD für ihre Propaganda überlassen werden!

Gespräche über all solche Vorkommnisse geraten immer wieder ins Stocken. Manche Verletzung sitzt tief. Und als ein in Westdeutschland aufgewachsener Mensch habe ich manchmal die Befürchtung, meine Formulierungen könnten beim Gegenüber falsch angekommen. In einer Freundschaft ist es möglich, frei zu reden ohne solche Ängste. Das tut gut und ist zudem spannend!

»Du kannst auch kommen, wenn ich nicht aufgeräumt habe …«

Dieser denkwürdige Satz stammt von meiner Freundin Astrid. Sie ist fünfzehn Jahre älter als ich, eine Frau mit viel Lebenserfahrung in allen Höhen und Tiefen. Wir kennen uns auch schon lange, aber eher aus der Ferne. Als ich vor einiger Zeit nach Hannover zurückzog, schickte sie mir eine WhatsApp-Nachricht mit der Frage, ob sie mich irgendwie unterstützen könnte. Mir fällt es eher schwer, um etwas zu bitten. Aber da sie so offen fragte, bat ich sie, ein paar belegte Brötchen zu besorgen, während ich morgens in der völlig leeren Wohnung auf die Ankunft des Möbelwagens warten musste.

Ich hatte gedacht, dass sie zum Bäcker geht und ich die Rechnung begleiche. Aber nein, Astrid kam mit *allem* ausgestattet vorbei: Kaffee, Becher, Teller, Wasser, Obst, selbst geschmierte, belegte Brötchen! Das war großartig! Und es hat richtig viel Spaß gemacht, zusammen zu frühstücken und im Anschluss die Möbelpacker und andere hilfreiche Menschen, die zum Auspacken kamen, zu bewirten.

Seitdem sehen wir uns öfter. Mal gehen wir ins Theater, mal ins Kino, oft völlig spontan. Die Beziehung gefällt mir, weil sie so zwanglos ist. Jede kann Nein sagen, wenn es nicht passt, ohne dass die andere beleidigt ist. Und Astrid hat mir eben jene Weisheit zum Thema Freundschaft mit auf den Weg gegeben: »Du kannst auch kommen, wenn ich nicht aufgeräumt habe.« Wer befreundet ist, muss nicht alles stimmig vorweisen; das gilt sowohl für außen als auch für innen.

Astrid hat mich auch auf einen anderen, besonderen Punkt aufmerksam gemacht: Dürfen Freunde oder auch Freundinnen über die jeweils anderen miteinander reden? Sie schrieb mir: »Gemeinsame Freunde sind uns auch gemeinsam anvertraut. Und wenn man über sie spricht, dann geschieht das in gemeinsamer Verantwortung und Fürsorge. Das ist Vertrauen und bleibt auch vertraulich.« Ein wichtiger Aspekt, denke ich.

Machen wir uns Sorgen um einen Freund, eine Freundin, ist das ihm oder ihr gegenüber gar nicht so leicht auszudrücken. Darüber sprechen wir manches Mal eher mit einem anderen Menschen, der mit derselben Person befreundet ist. Das ist kein Verrat der Freundschaft, sondern – wenn alles mit Respekt, ja fürsorglicher Zuneigung geschieht – eine Möglichkeit, Resonanzboden und Lösungen zu finden.

Ein Beispiel: Du vermutest, einem Freund geht es nicht gut. Aber du bist dir nicht sicher, ob dieses Gefühl stimmt. Ihn direkt anzusprechen käme etwas plump daher. Also fragst du erst einmal jemanden, der mit ihm auch befreundet ist: »Denkst du, es geht ihm gut?« Gibt es ein ähnliches Empfinden, ist es an der Zeit, direkt nachzufragen!

Gemeinsame Freunde beheimaten ja auch. Theodor Storm hat das in einem Gedicht schön ausgedrückt:

An die Freunde

Wieder einmal ausgeflogen,
Wieder einmal heimgekehrt;
Fand ich doch die alten Freunde
Und die Herzen unversehrt.
Wird uns wieder wohl vereinen
Frischer Ost und frischer West?
Auch die losesten der Vögel
Tragen allgemach zu Nest.
Immer schwerer wird das Päckchen,
Kaum noch trägt es sich allein;
Und in immer engre Fesseln
Schlinget uns die Heimat ein.
Und an seines Hauses Schwelle
Wird ein jeder festgebannt;
Aber Liebesfäden spinnen
Heimlich sich von Land zu Land.

Begegnungsorte

Manchmal gehen Astrid und ich bei Dietmar eine Spinat-
quiche essen. Er hat ein kleines Café in Hannover, wir kennen
uns jetzt seit zwanzig Jahren und sind einander freundschaftlich verbunden. Wenn wir uns treffen, erzählen wir über das,
was gerade ansteht – Kummer oder Glück, Ärger oder Erfolg.
Dafür ist in all den Jahren ein vertrauensvoller Raum entstanden. Ich weiß um seine Familien- und Beziehungssituation,
er um meine. Er kennt mein Engagement, ich das seine. Ich
mag ihn einfach gern. Dietmar ist jemand, der viele miteinander vernetzt. Und so musste ich lachen, dass meine Freundin
Ulrike, als sie mich gestern anrief, schon wusste, dass er eben-

falls im Buch vorkommt. Vielleicht würden manche solche Verbindungen eher eine *freundschaftliche Beziehung* nennen, um eine Unterscheidung zu ganz enger Freundschaft zu haben. Aber für mich stimmen die Kriterien: Zuverlässigkeit, Vertrauen, Respekt. Und da ist eine Grundlage, von der ich überzeugt bin: Käme ich in Bedrängnis, könnte ich mich melden. Und umgekehrt er auch. Dann müsste nicht erst diskutiert werden, sondern Menschen würden füreinander einstehen, ohne nach Hintergründen oder Bedingungen zu fragen.

Oft gibt es so etwas wie einen Freundeskreis, zu dem wir uns zugehörig fühlen. Einzelne sind einander enger verbunden, andere lose dabei. Eine solche Runde ist meist von ähnlichen Auffassungen geprägt, denke ich. Manchmal entstehen solche Freundeskreise durch gemeinsame Sportbegeisterung, fürs Laufen, Fußball, Tennis. Manchmal auch in einem bestimmten Umfeld, einer Kirchengemeinde, einem Chor – oder auch aus beruflichen Zusammenhängen. Menschen finden sich sympathisch, treffen sich öfter, gehen zusammen Essen. Es gibt sicher »beste« Freundinnen oder Freunde – und intensivere Arten von Freundschaft. Aber auch Freundeskreise, Gemeinschaften von sinnesverwandten Menschen tun uns einfach gut. Es ist Freundschaft im weiteren Sinne, die uns beheimatet, wie Theodor Storm das beschreibt.

Gastfreundschaft

Ein ganz eigenes Thema ist Gastfreundschaft. Darüber zu schreiben, war die Anregung eines Freundes. Hast du daran gedacht, fragte er. Hatte ich nicht. Und es wäre wirklich schade gewesen, diesen wichtigen Aspekt außen vor zu lassen.

Im biblischen Hebräerbrief heißt es: »Gastfrei zu sein vergesst nicht; denn dadurch haben einige ohne ihr Wissen Engel beherbergt.« (13,2) Das ist eine sehr schöne Mahnung, finde ich. Wir laden einander immer weniger zu uns nach Hause ein, sondern verabreden uns eher in einem Restaurant. Entspanntes Miteinander lässt sich nur schwerlich planen und Kochen ist für manche zum Stress geworden. Die Privatsphäre wird geschützt. Unter solchen Voraussetzungen kommen immer weniger Menschen an einem Tisch zusammen, was wirklich schade ist, denn auch so entstehen neue Freundschaften.

Ich selbst bin leider nicht das beste Beispiel, weil ich großen Kochaufwand scheue. Dabei freue ich mich an gastlicher Gemeinschaft. Ich habe gern Menschen um mich, aber wenn ich für sie kochen soll, stehe ich unter Druck.

Aber es muss ja eben gar nicht immer ein perfektes Menu sein, um einen schönen Abend miteinander zu verbringen. Letzten Sommer habe ich alte Kollegen auf den Balkon eingeladen, aber gleich gesagt: Es gibt kein »richtiges« Essen, nur »was vom Griechen«. Anschließend schrieb mir ein Gast, sie sei skeptisch gewesen, habe aber den wunderbaren Abend auf Balkonien sehr genossen. Das hat mich erleichtert.

Ich mag Druck nicht, wenn es darum geht, Gastgeberin zu sein. Mir geht es eher um ein offenes Haus. Letzten Sommer konnte ich das erleben und war glücklich damit. Während ich an diesem Buch schrieb, war ich fünf Wochen auf Usedom und in meinem Häuschen gab es ein großes Kommen und Gehen von Kindern, Enkeln, Freundinnen und Freunden, Bekannten, die auf der Insel waren. Als einmal allzu viele im Haus waren, hat es auch mal gekracht, ich denke, das gehört dazu. Aber insgesamt habe ich mich daran gefreut, diesen Ort und auch Zeit zu teilen.

Als ich das Haus 2011 kaufen konnte, schenkte mir meine Freundin Ulrike ein großes Bild, auf dem steht: »Fill this house with love and laughter« – möge das Haus mit Liebe und Lachen gefüllt sein. Das finde ich sehr passend. Und dazu einzuladen, das ist für mich Gastfreundschaft.

Kurz nach diesen ersten Gedanken bin ich an einem lauen Abend bei Astrid vorbeigeradelt, von der ich bereits erzählt habe. Das sind von meiner Wohnung in Hannover zwölf Minuten in gemütlichem Tempo. Bei ihr ist alles unkompliziert. Wir verabreden uns schlicht ab und an per WhatsApp. Sie richtet dann ein paar Kräcker, Dipps und Gemüse und stellt einen guten Weißwein kalt. Es ist immer gastlich, aber nie stressig. Sie freut sich, wenn ich komme, was sie vorbereitet, ist keine Mühe, sagt sie. Wir haben darüber gesprochen, was Gastfreundschaft bedeutet. Und sie hat recht: Echte Gastfreundschaft basiert auch auf Gegenseitigkeit. Als Gast habe ich nicht das Gefühl, die andere unter Druck zu bringen. Aber ich muss mich auch nicht besonders anziehen oder irgendwelchen Erwartungen gemäß benehmen. Echte Gastfreundschaft hat genau das Entspannte und die Vertrautheit, die eben auch Freundschaft ausmacht. Bei Astrid kann ich nach zwei Stunden sagen, dass ich jetzt zurück radle, ohne dass sie eingeschnappt ist, weil ich nicht lange genug geblieben bin oder ich deswegen ein schlechtes Gewissen haben müsste. Gelassenheit, Vertrauen, Gegenseitigkeit, Interesse – das macht die Gastfreundschaft aus. Ein gastfreundliches Haus ist eines, das offen ist für Menschen und ihre Geschichten. Mit Dinnerpartys und den damit verbundenen Konventionen hat das wenig zu tun.

Wir brauchen wieder mehr entspannte Gastfreundschaft, denke ich. Oft muss alles lange im Voraus verabredet werden. Dann wird intensiv überlegt, was gekocht wird. Wer kochen muss, gerät unter Druck, wehe es gelingt nicht. Alles soll per-

fekt sein wie bei einem schicken Dinner in der Fernsehsendung. Aber das ist doch nicht Gastfreundschaft!

Ein offenes Haus, ein offenes Ohr, ein offenes Herz füreinander, allein das braucht es. Da geht es nicht um Leistungsschau,
sondern um die gegenseitige Freude, entspannt Zeit miteinander zu teilen. Wir beneiden oft südeuropäische Länder
um diese Zwanglosigkeit. Wir könnten sie aber auch schlicht
selbst einüben, finde ich. Und das gelingt offenbar sogar im
nördlich gelegenen Hannover …

Was macht Freundschaft aus?

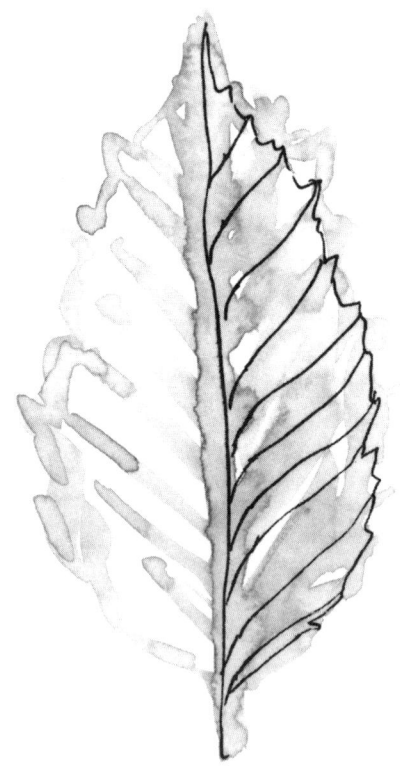

Schon Kinder beginnen ja, Freundschaften zu knüpfen, vom Spielplatz über die Kita bis zur Schule. Es geht für sie sicher bei ihrer Auswahl zunächst darum, mit wem es sich schön spielen lässt und wer in der Nachbarschaft wohnt. Freundschaften haben in dieser Lebensphase oft keine lange Dauer. Wer heute noch »Lieblingsfreund« ist, wird morgen weniger beachtet, weil jemand anderes ins Spiel kommt. Dann heißt es schlicht: »Den mag ich lieber.« Und doch habe ich bei einer meiner Töchter erlebt, dass schon in der Kita eine so innige Zuneigung zu jemandem entstand, dass es wirklich um Freundschaft ging. Ihre Beziehung war den beiden richtig ernst. Sie hatten kaum andere Freundinnen und Freunde, wollten miteinander durch Dick und Dünn gehen. Ein spezieller, eigener »Code« war unheimlich wichtig. Die beiden konnten miteinander »abhängen«, ohne viel zu unternehmen – und bei anderen Gelegenheiten wurde zusammen intensiv an etwas »gearbeitet«.

Manche belächeln so etwas als »erste kleine Liebe«. Ich denke, das war es nicht. Es war eine besondere, innige Verbundenheit. Sie hatten Freude an der Zeit miteinander und viel Spaß, Dinge gemeinsam zu entdecken.

Es ist wichtig für Kinder, Freundinnen und Freunde zu finden. Die Beziehung zu ihnen ist eine erste Erprobung, mit der sie austesten, wer sie selbst sind – jenseits von Eltern und Geschwistern. Mein Enkel freut sich nach den Ferien auf Aaron, weil er hofft, die beiden werden beste Freunde.

Meine Enkelin erzählt mir, als ich sie von der Kita abhole, was sie mit ihren beiden besten Freundinnen gespielt hat. Sie scheinen eine verschworene Gemeinschaft zu sein, die sich gern auch mal mit ihren ganz eigenen Rollenspielen von den anderen Kindern abgrenzt.

Freundschaft ist ein Schritt in die Selbstfindung – und wohl auch ein Weg in die Selbstständigkeit, die Unabhängigkeit von den Eltern. Wer bin ich jenseits der Familie? Das zeigt sich in der Bindung zu anderen. Für Kinder ist es ungeheuer wichtig, dieses Ich zu erproben, herauszufinden, wer sie sind.

Es gibt Kindergarten- und Schulfreundschaften, die ein Leben lang halten. Ich selbst habe nur noch Kontakt zu Monika. Wir sind zusammen in Stadtallendorf aufgewachsen, gemeinsam eingeschult worden und über Ecken auch verwandtschaftlich verbunden. Später haben wir zusammen Kindergottesdienst gestaltet, wurden gleichzeitig konfirmiert und haben unsere ersten Diskoerfahrungen geteilt. Bis heute sind wir lose verbunden, schreiben uns zu Geburtstagen und an Weihnachten, aber sehen uns sehr selten. Immerhin sind wir in Kontakt geblieben, über viele Jahrzehnte hinweg. Und sie ist mit ihrem Mann zu meinem Abschiedsgottesdienst 2018 extra nach Hannover angereist. Das hat mich sehr gefreut, weil es so selten ist, noch Geschichten aus der Kindheit teilen zu können.

Andere Kindheitsfreundschaften bleiben intensiver. Meine Freundin Elke ist seit ihrem ersten Liebeskummer (da war sie 15) mit Kai befreundet. Kai ist vor einigen Jahren wieder an den Ort zurückgekehrt, an dem sie beide aufgewachsen sind. Als wir zu Elkes 60. Geburtstag dort in Süddeutschland waren, habe ich mich richtig darauf gefreut, Kai kennenzulernen. Und, was eigentlich nicht erstaunlich ist: Ich mochte sie spontan gern – und ich denke mal, sie mich auch. An einem Abend saßen wir zu dritt beim Wein zusammen. Wir beide hatten uns zwar nie vorher gesehen, wussten aber wechselseitig über Elke vieles voneinander. Es musste deshalb nicht lange vorsichtig vorgefühlt oder abgetastet werden, ob wir jetzt ganz formlos und offen miteinander reden können, oder uns vielleicht sogar siezen.

Es scheint, als könnten wir andere einladen, an der Vertrautheit einer Freundschaft teilzuhaben, es gibt sozusagen einen Vorschuss an Vertrauen, der nicht erst erarbeitet werden muss. Wenn Elke ihrer Freundin Kai vertraut und sie mir vertraut, können auch Kai und ich einander vertrauen.

Es kann offensichtlich manchmal sehr einfach und entspannt sein, muss aber nicht immer so harmonisch aufgehen. Ich habe miterlebt, wie Freundinnen aufeinandertrafen und plötzlich Aggression in der Luft lag. Irgendetwas stimmte nicht, die Menschentypen passten einfach nicht zusammen.

Zuneigung

Ohne Zuneigung kann es keine Freundschaft geben. Da muss eine Grundsympathie sein, salopp ausgedrückt: Zwei sollen »einander gut riechen« können.

Es gibt Menschen, bei denen weiß ich nach drei Minuten, dass wir keine Freundinnen werden. Woran das liegt, ist auf abstrakter Ebene schwer zu sagen. Aber die Art, wie jemand geht, sich bewegt, spricht, all das löst ja Reaktionen bei uns aus. Oder wie sich jemand verhält. Wenn jemand einen anderen vor meinen Augen abkanzelt, ist es mit der Sympathie bei mir sofort vorbei, weil ich nicht ausstehen kann, wenn Menschen andere herablassend behandeln. Oder wenn ein Mann mit dem Amt protzt, das er innehat, oder dem Geld, das er verdient, den Berühmtheiten, die er kennt, und den Autos, die er fährt – dann habe ich keinerlei Lust auf eine Fortsetzung des Gesprächs. Solche Menschen nutzen andere nur als Resonanzboden, sie haben im Grunde keinerlei Interesse an ihrem Gegenüber. In so einer Situation sehne ich mich nach meiner Wohnung und einem ruhigen Abend allein.

Eine junge Frau sagte mir mal, Abende in Berliner Bars würden sie inzwischen anöden, weil jeder Mann nur noch davon rede, welches Startup er gerade gegründet habe. Freundschaft entsteht so jedenfalls nicht. Wer absolut selbstbezogen ist, wird keine Freundinnen und Freunde gewinnen. Wer Bewunderung sucht, findet keine Freundschaft.

Gegenseitigkeit

Zur Freundschaft gehört auf jeden Fall Gegenseitigkeit. Entscheidend ist: Ich empfinde einen Zugewinn durch die Zeit, die ich mit dem oder der anderen verbringe. Ebenso wie sie oder er dies auch durch die mit mir geteilte Zeit erlebt.

Es geht um gemeinsam verbrachte Zeit, die für uns keine Notwendigkeit, keine Pflicht ist. Die nicht als lästige Konvention gesehen wird, sondern als Bereicherung. Das entspricht dem Bedürfnis, mich einzuordnen in Beziehung, in Gemeinschaft. Wer ständig nur von sich selbst redet, wird immer selbstzentrierter und verliert irgendwann die Fähigkeit der Empathie, des Mitdenkens mit anderen. So entsteht Vereinsamung, unter der heute viele Menschen leiden.

Eine Testfrage, wenn es um Freundschaft geht, kann sein: Freue ich mich, dass wir uns heute Abend treffen können, oder ist es eine lästige Pflicht, die ich hinter mich bringen will? Finde ich toll, dass ich mich jetzt endlich auf den Weg machen kann, um die Freundin zu besuchen? Oder nervt mich, dass ich dafür Zeit verwende? Die Antworten sind Gradmesser für das Empfinden »Wir sind Freundinnen!«, »Wir sind Freunde!«.

Sich füreinander Zeit nehmen, ist neben dem Vertrauen von entscheidender Bedeutung. Eine Investition von Zeit ist, wenn eine Freundschaft funktioniert, keine Last, sondern eine Selbstverständlichkeit. Von ganzem Herzen geben wir, teilen unsere Zeit mit dem anderen, weil er oder sie uns wichtig sind.

Es gibt Phasen, da reicht es, zu telefonieren oder per Mail im Kontakt zu sein oder sich auch einen Brief zu schreiben. Aber irgendwann kommt der Punkt, da wird klar: Wir müssen uns jetzt mal sehen. Wenn wir einen Abend miteinander verbringen, zusammen frühstücken oder gemeinsam eine Wanderung unternehmen, entsteht wieder Raum zum Reden.

Selbst eine langjährige intensive Freundschaft braucht solche Vertiefungsräume. Will ich eine Freundschaft nicht verlieren, muss ich mich auf den Weg machen. Vielleicht lässt sich auch das als Gradmesser für die Bedeutung einer Freundschaft nehmen: Freue ich mich richtig auf einen Besuch oder empfinde ich ihn eher als Last? Und: Sich selbst auch erwartet und willkommen zu wissen, ist ja ein sehr schönes Gefühl!

Freundschaften fliegen uns nicht einfach zu. Es geht um einen langfristigen Prozess, den zwei Menschen wollen, es geht um Nähe und Begegnung, die gesucht wird. Vertrauen zu fassen, auch selbst Vertraute zu werden. Ich muss mir sicher sein, dass ich mit all meinen Gedanken, die ich teile, und meiner ganzen Person bei einem Gegenüber gut aufgehoben bin. Das unterscheidet eine Freundschaft von einer bloßen Bekanntschaft.

Manche Freundschaften entwickeln auch eigene Rituale. Das kann gemeinsamer Sport sein, regelmäßiges gemeinsames Frühstücken, eine bestimmte Wegstrecke für den Spaziergang. Oder es gibt feste Zeiten, an denen Freundinnen und Freunde mir begegnen – jedes Jahr über Pfingsten oder an Silvester treffen wir uns! Dann muss nicht lange nach Terminen gesucht werden, sondern das steht fest.

Freundschaft ist immer eine Beziehung auf Augenhöhe. Ist eine Person stets die Gebende, die andere immer die Nehmende, dann entsteht eine Hierarchie, ein Gefälle in der Beziehung. Sicher gibt es Zeiten, in denen Geben und Nehmen nicht ausgeglichen sind. Vielleicht steckt jemand gerade in einer Krise, in der die Freundin ganz für sie da sein muss. Sie könnte momentan auch nur wenig leisten oder geben. Oder ein Freund hat seine Partnerin verloren, und ich muss aushalten, dass es lange Monate nur um dieses eine Thema geht. Immer wieder kommt es im Leben zu solchen Krisen und unerwarteten Überraschungen.

Eine gute Freundschaft hält es aus, wenn in einer bestimmten Phase eine mehr gibt als die andere. Herrscht in einer Freundschaft »oben« und »unten«, besteht eine festgefügte Hierarchie, wird sie am Ende daran zerbrechen. Denn so etwas geht nicht gut aus.

Ein junger Mann erzählte mir, dass sein Freund sich immer auf ihn verlassen hat. Wenn die beiden zum Klettern in die Berge gefahren sind, hat der eine alles organisiert, den Proviant eingekauft und auch das Auto gefahren. Auch vor Ort musste er die Dinge in die Hand nehmen. Und irgendwann hat es ihm dann gereicht – als sein Freund meint, dass er ihn auf dem Rückweg am besten direkt zu Hause absetzen könnte. Für das Reinigen des PKWs hatte er keine Zeit. Daran ist das Miteinander dann letztlich auch gescheitert. Vorerst ist Schluss mit gemeinsamen Unternehmungen, und auch sonst herrscht zwischen den beiden Funkstille. So funktioniert Freundschaft nicht, jedenfalls nicht auf Dauer.

Eine Freundin rief mich einmal an und sagte: »Ich brauche eine Pause. Es nervt mich irgendwie, dass es dauernd um deine Lebensdramen geht!« Und ja, ich stellte fest, sie hatte recht. Da war etwas in Unwucht geraten. Es gab eine Phase in meinem Leben, da war ich mehr die Nehmende als die Gebende. Von der Krebserkrankung über die Scheidung bis zum Rücktritt. Meine Freundinnen haben sich das alles angehört, Anteil genommen und die Last mitgetragen. Und ich bin dafür, dass sie es getan haben, sehr dankbar.

Ich muss sagen, dass ich das alles ohne meine Freundinnen nicht durchgestanden hätte. Der Anruf meiner Freundin war ein klares Signal: »Bis hierhin bin ich mitgegangen, aber jetzt muss wieder mehr Raum für mich und meine Themen sein.« Wir haben eine Zeit gebraucht, um das aufzuarbeiten, etwas Abstand tat gut. Inzwischen ist unsere Beziehung aber wieder in Balance, und ich bin sehr froh darüber. Offen auszusprechen, wenn etwas nicht stimmig ist – das ist ein Zeichen von guter Freundschaft, denke ich.

Natürlich muss es Interesse aneinander geben! Freundschaften entstehen oft in ähnlichem sozialem Umfeld. Und das ist ja auch klar: Du bewegst dich mit bestimmten Erfahrungen, einem bestimmten Vokabular und Verhaltensweisen durch dein Leben, es gibt Muster und Gewohnheiten die du bei anderen wiedererkennst. Ich habe den Eindruck, es gibt unausgesprochene Codes, über die wir uns erkennen. Ob ich in einem wohlhabenden materiellen Umfeld aufgewachsen bin, einem intellektuell oder adlig geprägten Elternhaus – oder ob ich einem eher einfachen Milieu stamme – das prägt uns. Sabine Bode hat in einem ihrer Bücher über Kriegskinder hierzu interessante Zusammenhänge aufgezeigt. Und es stimmt: Ob wir Flüchtlingskinder waren oder nicht, hat meine Generation, die in den 50er-Jahren des 20. Jahrhunderts Geborenen, immens geprägt. Ähnliches gilt für die Erzählungen von Menschen, die in der Deutschen Demokratischen

Republik (DDR) oder der Bundesrepublik Deutschland (BRD) aufgewachsen sind, deren Geschichten unterscheiden sich sehr.

Andere Herkunft bringt andere Sitten und Gebräuche mit sich, das kann befremden. Das betrifft Verhaltensweisen, Rituale, Tischsitten, aber natürlich auch Lebenserfahrung und Bildung. Wer in Karl-Marx-Stadt im Plattenbau aufgewachsen ist oder der zu DDR-Zeiten belasteten ostdeutschen Industriestadt Bitterfeld, hat einen ganz anderen Erlebnishorizont als ein Mensch, der zur gleichen Zeit in der Hansestadt Bremen oder dem hessischen Automobilstandort Rüsselsheim groß wurde.

Oder: Wenn ein Kind in einem Haushalt aufwächst, in dem es viele Bücher gibt, mit seinen Eltern Konzerte besucht, selbst ein Instrument lernt, dann nimmt es ganz andere Bilder vom guten Leben mit als ein Kind, das in einem Haushalt aufwächst, in dem täglich gekämpft wird, um irgendwie finanziell über die Runden zu kommen.

Wer in sehr gesicherten finanziellen Verhältnissen aufwächst, kann sich über manches gar nicht freuen, was er für selbstverständlich hält. Da können Welten aufeinanderprallen.

Mir wurden diese Unterschiede einmal sehr bewusst, als ich mit einer Frau in meinem Alter zusammentraf, die aus einer alten Adelsfamilie stammt. Da gibt es einen Habitus, eine Selbstsicherheit im Auftreten, die ich mir erst mühsam erarbeiten musste. Oder ich denke an Theologen, die aus Theologenfamilien stammen. Ich bin einigen begegnet, im Studium haben sie mich manchmal eingeschüchtert, weil sie so viel mehr Vorkenntnisse mitbrachten als ich.

Einmal hatten wir am Frühstückstisch in meinem Häuschen auf Usedom mit vielen ein Gespräch über derartige Prägungen. Eine meiner Töchter erklärte, es sei eine Unsitte, über den Tisch zu greifen, etwa nach einem Glas Marmelade. Eine

Freundin von mir sagte: Echt, gibt es diese Regel? Und wir haben überlegt: Wie entstehen Tischsitten? Wer entscheidet darüber, was »anständig« ist oder nicht? Knigge ist es sicher nicht mehr. Aber viele sind so verunsichert, dass sie ihre Kinder inzwischen in Kurse schicken, damit sie lernen, sich so benehmen, wie es richtig ist. Offenbar, weil sie es ihren Kindern selbst nicht mehr vermitteln können.

Natürlich spielt es auch eine Rolle, ob ich als Kind Urlaubsreisen mit der Familie ins Ausland unternommen habe, oder ob der größte Luxus ein Schwimmbadbesuch war. Herkunft prägt uns und unser Verhalten und hat damit auch Einfluss darauf, wem wir vertrauen, mit wem wir uns wohlfühlen und befreunden.

Dennoch denke ich, dass eine ähnliche Herkunft keine Grundbedingung für Freundschaft ist – auch wenn sie sie wahrscheinlicher macht. Es muss vor allem Interesse für die Lebenssituation des oder der anderen geben, für ihre oder seine Herkunft und die jeweiligen Lebensschwerpunkte. Dann kann andere Herkunft auch bereichern, Interesse geradezu erzeugen. Das ist eine schöne Erfahrung, wenn wir Menschen anderer Kultur, Religion begegnen. Eine Grundvoraussetzung, in unserem Land mit verschiedener Herkunft zu leben, ist dieses Interesse. Alles glatt und gleich zu bügeln, bringt ja auch Überdruss und Langeweile mit sich. Vielleicht haben es Frauen leichter, eine derart unterschiedliche Herkunft und soziale Grenzen zu überwinden und sich trotzdem miteinander zu befreunden, weil die Erfahrungen des gemeinsamen Geschlechts ähnlich sind. Weil Menstruation, Sexualität, Schwangerschaft und Geburt einen gemeinsamen Erfahrungshintergrund darstellen.

Ein Musiker kann mit einer Leistungssportlerin befreundet sein, eine Lehrerin mit einer Künstlerin, ein Geschäftsmann mit einem Handwerker. Aber es braucht eine Basis des Respekts vor den Themen des Freundes oder der Freundin. Ist die Freundin gelangweilt von meinen Erzählungen, wird es zwischen uns nicht funktionieren. Denn dann hätte der eine oder andere immer das Gefühl, ich spräche eine andere Sprache. Wir reden schlicht aneinander vorbei. Der eine spricht von »schaffen« und denkt an Erschaffung seines nächsten künstlerischen Werkes. Der andere meint das Erreichen einer beruflichen »Deadline«, deren Einhaltung er gerade so schaffen kann.

Meine Freundinnen haben sehr unterschiedliche Berufe. Und es fasziniert mich, wenn sie berichten, was sie in ihrem beruflichen Alltag erleben, wie sie aus einer ganz anderen Perspektive die Welt wahrnehmen. Meine Freundin Almut sieht als Therapeutin oft ganz andere Zusammenhänge als ich. Stefanie ist Ärztin und hat mit mir einmal heftig die Frage erörtert, ob Kinder bei drogenabhängigen Eltern bleiben sollten. Es war ein richtig guter, positiver Streit. Und so ein Gespräch ist noch immer für mich eine Horizonterweiterung. Umgekehrt interessiert die beiden, wie ich manche Fragen als Theologin sehe.

Allerdings muss es auch eine gemeinsame Grundhaltung geben, denke ich. So kann ich mir schwer vorstellen, mit jemandem befreundet zu sein, der völlig andere politische Ansichten hat. Aber ich kann mir sehr wohl vorstellen, mit jemandem anderen Glaubens befreundet zu sein. Ein Gespräch mit einem Juden oder einer Muslima über Religion finde ich immer spannend und interessant, da kann auf jeden Fall Freundschaft wachsen, das ist für mich gar keine Frage. Denn wir glauben ja, wenn auch verschieden.

Ich finde es schwieriger, mit einem Menschen Gemeinsamkeiten zu finden, der an gar nichts glaubt, als mit einem Menschen, der anders glaubt. Und ich finde es schwieriger, mit

Fundamentalisten in meiner eigenen Religion in Kontakt zu kommen, als mit liberalen Vertretern einer anderen Religion. Mit dem liberalen jüdischen Rabbiner Walter Homolka verstehe ich mich wunderbar, da ist Raum für Humor, und sogar kleine Spitzen hält unsere Freundschaft aus. Da wird nichts, was wir einander sagen, direkt auf die Goldwaage gelegt. Das ist befreiend! Fundamentalisten hingegen, ganz gleich welcher Religion sie angehören, müssen sich stets abgrenzen. Ihre Wahrheit ist für sie *die eine* und *die einzige* Wahrheit. Nichts anderes ist vorstellbar.

Ich kann sagen, dass ich meine Wahrheit im christlichen Glauben gefunden habe. Aber ich respektiere nicht nur, welche Wahrheit über Gott andere in ihrem Glauben finden, sondern ich habe auch echtes Interesse daran. Toleranz ist doch nicht nur ein Ertragen des anderen, sondern ein echtes Mühen um den anderen. Sonst kommt Toleranz gestelzt und aufgesetzt daher.

Ich habe einen Freund, der aus der katholischen Kirche ausgetreten ist – wegen der Missbrauchsskandale, aber auch weil er für sich den Glauben verloren hat. Er ist jedoch jemand, dem Transzendenz etwas sagt. Und er kann über die spirituelle Dimension des Lebens sprechen. Das ist eine gute Basis für unser Miteinander! Mit jemandem, dem das vollkommen fremd ist, könnte ich schwer befreundet sein. Dabei sind Gespräche über Religion ebenso heikel wie Gespräche über Sexualität. Denn die Frage »Was glaubst du?« rührt an eine sehr persönliche, ja private Seite des Menschen.

Manchmal merke ich, dass andere denken, für mich als Theologin sei das mit dem Glauben doch alles klar. Aber dem ist ja nicht so!

Was glaube ich über Gott, was bedeutet mir Jesus? Stelle ich mir ein Leben nach dem Tod vor und wenn ja, wie? Darüber möchte ich in einer Freundschaft sprechen können. Sagt jemand, das sei alles Humbug für ihn, völliger Quatsch, wäre es mit Freundschaft schwierig. Denkt jemand diese Gedanken mit, auch wenn er oder sie selbst nicht gläubige Menschen, sondern eher Agnostiker sind, ist Freundschaft möglich.

Und doch ist es leichter, mit einem Menschen befreundet zu sein, der den eigenen Glauben teilt. Du kannst an biblische Geschichten oder Erfahrungen anknüpfen. Dein Gegenüber findet es nicht merkwürdig, wenn du ein Tischgebet sprichst. Kirchliche Fragen sind ein Thema in den gemeinsamen Gesprächen. Und du kannst spontan fragen: »Wollen wir Morgen gemeinsam in den Gottesdienst gehen?« Da ist im Miteinander die Unbefangenheit schlicht größer, weil wir bestimmte Rituale, Traditionen, Themen von vornherein teilen.

Vielleicht lässt sich all das Gesagte so zusammenfassen: Unterschiede sind interessant, Gespräche über verschiedene Ansichten können eine Bereicherung sein. Aber absolut verschiedene Haltungen hält eine Freundschaft nicht aus. Wenn einer behauptet, wir können nur zu Gott finden, wenn wir unser bisheriges Leben bereuen und Gott für mich vor allem damit verbunden ist, dass er uns unendlich liebt, sind das Gegensätze, die in der unabdingbaren Nähe einer intensiven Freundschaft einmal miteinander diskutiert werden können. Aber dauerhaft sind solche Gegensätze nicht auszuhalten.

Ich kann auch nicht mit jemandem befreundet sein, dem es gleichgültig ist, ob Flüchtende im Mittelmeer ertrinken. Jemand, der erklärt, Zugewanderte hätten unser Land zu verlassen, kann für mich kein Freund sein. Ich habe eine völlig andere Vorstellung vom Zusammenleben in Vielfalt. Und auch jemand der Homosexualität für eine »heilbare Krankheit« hält, wird es mit mir schwer haben – und ich mit ihm.

Friedrich Hölderlin hat die Voraussetzungen für ein gelingendes Miteinander schon vor 200 Jahren in seinem Gedicht *Freundschaft* beschrieben:

Wenn Menschen sich aus innrem Werte kennen,
So können sie sich freudig Freunde nennen,
Das Leben ist den Menschen so bekannter,
Sie finden es im Geist interessanter.

Der hohe Geist ist nicht der Freundschaft ferne,
Die Menschen sind den Harmonien gerne
Und der Vertrautheit hold, daß sie der Bildung leben,
Auch dieses ist der Menschheit so gegeben.

Ich denke, er hat recht, dass innere Werte uns verbinden müssen, wenn wir befreundet sind. Harmonie heißt dabei nicht, dass es keine Auseinandersetzung geben kann. Aber es bedeutet, dass die Grundüberzeugungen dieselben sind, dass wir Vorstellungen vom Leben haben, die wir teilen können. Eine Freundschaft zwischen einem Menschen, dessen Lebensziel ist, möglichst viel Geld zu verdienen und das auch zu zeigen, und einem Menschen, der sich ein ruhiges Leben mit Familie wünscht, dürfte nur schwerlich funktionieren.

Ähnlich ist das mit der Frage der grundsätzlichen Lebenseinstellung. Wer sich überhaupt nicht dafür interessiert, was politisch geschieht, mit dem gibt es für mich auch wenig Gesprächsstoff. Eine Musikerin sagte mir einmal, sie höre keine Nachrichten und sie lese grundsätzlich keine Zeitung. Daraufhin habe ich gesagt: Aber man muss doch etwas wissen von der Welt. Sie antwortete, die Musik sei ihre Welt, sie brauche nichts anderes. Da trennen uns dann in der Tat Welten.

Zur Freundschaft gehören neben Sympathie und Zuneigung einfach auch gemeinsame Interessen.

Was mir bei Freundschaften besonders wichtig ist: Wir müssen miteinander lachen können – und auch übereinander und über uns selbst! Ohne Humor hätte ich vieles im Leben gar nicht bewältigt. Mir fehlt es oft, dass wir auch über uns selbst lachen können, über unsere Fehler, unsere Unvollkommenheit.

Mir ist unvergesslich, wie Renata Schmidtkunz einen Film über mich drehte. Es war ihre persönliche Idee, die mich erst irritiert, dann aber auch gefreut hat. Es ist ja auch spannend, wenn jemand dein Leben im Film festhalten will. Renata ist eine sehr energische Person, sie hatte ganz genaue Vorstellungen, wie der Film am Ende sein sollte. Natürlich spielte auch meine Herkunft eine Rolle – und die erste Pfarrstelle in Spieskappel.

Also habe ich Almut gefragt, ob wir uns bei ihr treffen könnten. Keine Frage, das war möglich, sie fand das sogar eine sehr schöne Idee. Aber dann war die Atmosphäre doch angespannt mit Kameramann, Tontechniker und dem ganzen Hin und Her, was zu einer Filmproduktion gehört. Da passt das Licht gerade jetzt gut – aber die Regie ist noch nicht auf den Auftritt vorbereitet. Dann ist alles bereit – aber der Himmel ist bewölkt und düster.

Manchmal habe ich zwischenzeitlich geseufzt, wenn ich daran dachte, was die eine Entscheidung so alles nach sich zieht. Eine Szene in dem Film ist für mich aber bleibend großartig: Almut war etwas unklar, was sie jetzt sagen sollte. Und dann erzählt sie mit einer umwerfenden Komik spontan, wie sie mich einmal fragte, ob sie vorbeikommen solle, um mich zu unterstützen. Ich habe Nein gesagt, das sei nicht nötig. Und dann habe ich mich umentschieden.

Ich muss lachen, wenn ich die Szene im Film sehe, weil sie unsere Beziehung so gut widerspiegelt und es Almut in dem Trubel und unter Druck plötzlich gelungen ist, völlig authentisch und dabei noch humorvoll zu sein. Dass sie es damals ohne mit der Wimper zu zucken ausgehalten hat, wie ich reagiere, ist ein Zeichen langer Verbundenheit. Darüber lachen zu können, wie wir zwei nun mal sind, setzt dem Ganzen die Krone auf. Denn wer über sich selbst und miteinander lachen kann, hat eine Dimension von Freiheit erreicht, die ich uns allen im Leben wünsche.

In einer Freundschaft gilt es allerdings auch, Durststrecken auszuhalten. Da gibt es Phasen, in denen Abstand nötig ist. Es läuft nicht rund und das Reden macht es nicht besser. Das kennen selbst Almut und ich nach all den Jahrzehnten!

Oder eine von beiden zieht um und nicht nur der räumliche Abstand wird größer, weil sie sich am neuen Ort erst einmal neu finden muss. Oftmals ist ein Wechsel des Arbeitsplatzes die Ursache für den Umzug, und es bindet monatelang alle Kräfte, sich im neuen Umfeld einzuleben.

Vielleicht hat auch die eine Kinder bekommen, die andere ist gewollt oder ungewollt kinderlos. Mit der Geburt der Kinder wird alles anders. Es bleibt in den ersten Monaten kaum Zeit für andere Aktivitäten. Von früh bis spät gilt die Aufmerksamkeit dem Neugeborenen, und für das junge Paar ist die neue Situation meist eine ziemliche Herausforderung. Dass dann auch Freundschaften zu kurz kommen, liegt auf der Hand – auch wenn es sicherlich gut wäre, wenn gerade in solchen Zeiten mit seiner Freundin oder seinem Freund Auszeiten vom Alltag möglich sind.

Es gibt Phasen, in denen Freundschaft ruht und nicht ganz klar ist, ob sie das aushält. Das gilt es hinzunehmen. Es kann sein, dass eine Freundschaft dann ausplätschert, weil die Lebenssituationen so verschieden geworden sind, dass es nicht mehr richtig passt mit dem Interesse aneinander. Es kann auch sein, dass das schon beschriebene Verhältnis von Nähe und Distanz neu austariert werden muss, weil in einer bestimmten Phase die eine weniger Nähe will bzw. mehr Distanz braucht. Das muss die Freundschaft nicht infrage stellen, kann aber auch dazu führen, dass es langfristig auseinandergeht.

Dass manches aus der Balance gerät, ist bei all dem Auf und Ab des Lebens völlig normal. Aber langfristig muss das Miteinander wieder stimmig sein.

Ist das stimmig?

Und ja, es gibt so etwas wie *falsche* Freundinnen und Freunde. Ich denke, das sind Beziehungen, bei denen uns – wenn wir uns selbst gegenüber ehrlich sind – doch sehr klar ist, dass es gar nicht um Freundschaft geht, sondern um Nutzen, der gegenseitig oder einseitig gezogen wird. Mir war oft klar, dass jemand Nähe zu mir sucht, weil es für ihn oder sie selbst nützlich ist. Auffällig war, dass gerade solche Menschen nach außen immer wieder bewusst betont haben, wie gut und intensiv wir uns angeblich kennen.

Es hat in meinem Leben Menschen gegeben, die erklärten, sie seien mit mir befreundet – und ich war völlig überrascht. Das ist eine unangenehme Situation, weil der oder die andere viel mehr Nähe wahrgenommen hat als ich. Mir fällt es oft schwer, mich abzugrenzen, ich bin auch schnell beim *Du*. Das empfinden andere als freundschaftliche Annäherung, doch so habe ich es manchmal gar nicht gemeint. Es fällt mir dann nicht leicht, mich wieder abzugrenzen, denn der oder die andere fühlt sich abgewiesen – und es ist ja auch so. Aber um der Ehrlichkeit und Offenheit willen muss das sein. Als ein Mann mir schrieb, jetzt könnten wir uns aber wirklich duzen, habe ich ganz klar zurückgeschrieben, dass ich unsere Beziehung so nicht sehe. Es hat ihm sicher wehgetan, aber es wäre falsch, ja verlogen, da nicht klar zu sein. Und trotzdem fällt es mir immer wieder schwer, für Distanz zu sorgen, wenn andere Nähe empfinden. Manchmal war ich völlig überrascht, wenn andere mir erzählten, X oder Y hätten sich als meine Freundin bezeichnet.

Aber was tust du dann? Konfrontiere ich diese Person und sage: »Hallo, meine Freundin bist du doch gar nicht!« Oft habe ich es im Raum stehen lassen und mir meinen Teil dazu gedacht, weil mir die Energie, fehlte, einen befürchteten Konflikte durchzustehen.

Klar ist, dass auf so eine Beziehung überhaupt kein Verlass ist! Weil ich zumindest in dieser Hinsicht stets pragmatisch war, hatte ich auch keine Enttäuschungen zu verkraften, als ich von allen meinen Ämtern zurückgetreten bin. Da hat sich Spreu von Weizen in ziemlich genau dem Maße getrennt, wie ich das prognostiziert hätte, wäre ich vorab gefragt worden.

Aber sollten wir nicht besser manchmal wirklich vorab Grenzen ziehen? Auch das habe ich mir überlegt. Und ja, ich denke, das sollten wir tun. Im Rückblick auf Beziehungen, die ich gar nicht gleich Freundschaft nennen würde, kann ich sagen, dass es besser gewesen wäre, meinem Gespür zu folgen und mich abzugrenzen. Wenn du erkennst, jemand tut dir nicht gut, oder dir klar wird: Das ist kein konstruktives Miteinander – dann ist es nicht richtig, eine Beziehung nur um des lieben Friedens willen aufrechtzuerhalten.

Wenn die Wertvorstellungen oder auch die politischen Überzeugungen zu verschieden sind, um miteinander Zukunft zu erleben oder gar zu gestalten, dann gilt es klärend zu sagen, was Sache ist.

Als Eltern beobachten wir ja vor allem in der Pubertät, mit wem unsere Kinder befreundet sind. Mich hat stets gestört, wenn Eltern sagten: »Man muss sich immer nach oben orientieren.« Das halte ich für eine Fehleinschätzung. Freunde suchen wir uns nicht nach ihrem Nutzwert. Und wenn doch, schwingt immer ein seltsames Gefühl bei alldem mit.

Dennoch ist das Goethezitat: »Sage mir, mit wem du umgehst, so sage ich dir, wer du bist«, bis heute zutreffend. Es sagt etwas über dich aus, mit wem du befreundet bist!

Wenn Menschen sich Freundinnen und Freunde in einer bestimmten *community* finden, werden sie selbstverständlich davon geprägt. Das macht ja auch die Angst von Eltern aus, die Kinder könnten ins Drogenmilieu oder sonstwohin abstürzen. Aber es ist sicher auch die Befürchtung, dass sie sich von uns durch ihre Freundschaften entfernen – das kann auch passieren. Es gibt einige, die sich aufgrund ihrer Freunde von den Eltern »lossagen«. Das tut weh, wie es auch die bereits erzählte Geschichte von Jesus zeigt.

In der Regel bleiben die Eltern dann hilflos zurück. Ich sehe eine Mutter vor mir, die immer schmaler zu werden scheint in ihrer Verzweiflung, dass der Sohn einen ihr so absolut unverständlichen Lebensweg geht. Er setzt mit seinem Verhalten gerade alles aufs Spiel, was die Eltern ihm ermöglicht haben. Sie sagt, sie lerne langsam mit diesem Schmerz zu leben. Aber der Schmerz ist ihr anzusehen …

Wer echte Freundinnen und Freunde hat, wird von ihnen vor problematischen Beziehungen gewarnt werden, denke ich, und auch vor dem Bruch mit der Familie. Aber das ist ein heikles Terrain. Sagt dir jemand: »Deine neuen Freunde tun dir nicht gut!«, bist du verletzt. Diese und andere Fragen spiegeln die Entfremdung. Ist ein offenes Gespräch darüber möglich, kann das vieles klären. Wenn das nicht funktioniert, gibt es aber auch Entfremdungs-Entscheidungen. Dann verstehen sich zwei schlicht nicht mehr. Plötzlich stehen neue Freundschaften gegen alte. Da kann es dann auch notwendige Abschiede geben.

Ein Netz, das trägt

Mir ist bewusst, dass ich selbst in Phasen der intensiven Berufstätigkeit manches Mal zu wenig Zeit zur Pflege von Freundschaften investiert habe. Mir liegt daran, mir jetzt die Zeit dafür zu nehmen – und doch merke ich, dass es immer noch nicht genug ist. Mit manchen Freundinnen brauche ich zwei Monate, bis wir einen gemeinsamen Termin finden. Deshalb wird es nie möglich sein, alle Freundschaften gleich intensiv zu gestalten. Aber das ist auch nicht so schlimm, finde ich. Es gibt die ganz engen, langjährigen Freundschaften und die etwas lockereren, bei denen ich aber denke, sie könnten jederzeit intensiviert werden, weil wir uns vertrauen und uns mögen.

Ich habe das große Glück, dass mein Vertrauen in einer Freundschaft noch nie enttäuscht worden ist. Von anderen weiß ich aber, wie groß die Verletzung sein kann, wenn der Fall eintritt. Da hat ein Freund ständig von seiner Fähigkeit zur Diskretion geschwärmt, sie aber selbst überhaupt nicht eingehalten. Das tut weh!

Statistisch betrachtet haben Deutsche im Durchschnitt 3,3 »beste Freunde«. Für mich überraschend berichtet ein Marktforschungsinstitut, dass es bei Männern im Schnitt 3,6 Freundschaften sind, bei Frauen 2,9 [22]. Es wäre interessant, zu schauen, ob beide dasselbe unter *bester Freund* oder *beste Freundin* verstehen. Aber abgesehen davon: Es gibt schlicht sehr verschiedene Formen von Freundschaft.

Ein Grund zur Dankbarkeit sind die ganz intensiven, lebenslangen Beziehungen. Andere Freundschaften bestehen nur für eine bestimmte Zeit. Doch auch das hat seine Berechtigung und seinen Sinn. Freundschaften lassen sich lebendig gestalten, sie bilden ein Netz, das uns im Leben hält und trägt auf je ganz unterschiedliche Weise.

Wir wohnen
Wort an Wort

Sag mir
dein liebstes
Freund

meines heißt
DU

Rose Ausländer [23]

Freundschaften
mit Kolleginnen und Kollegen

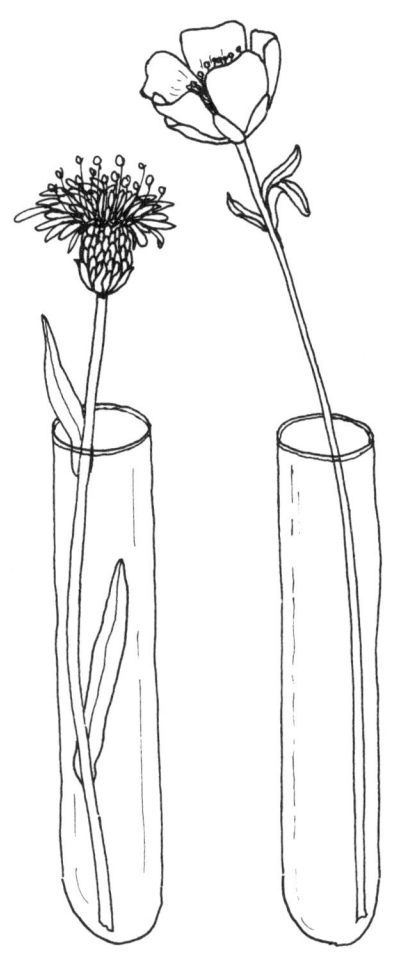

Einen großen Teil unseres Lebens verbringen wir mit Berufstätigkeit. Sind uns Menschen in diesem Umfeld besonders sympathisch, kann daraus Freundschaft wachsen. Ich weiß, dass manche Menschen da strikt trennen. Für sie steht fest: Mit meinen Freundinnen und Freunden verbringe ich meine Freizeit. Im Büro, auf der Arbeit, da halte ich Abstand und lasse möglichst wenig emotionale Nähe zu. Eine Kollegin sagte einmal, sie habe in ihrem beruflichen Umfeld nie jemanden geduzt, da müsse doch auf jeden Fall Distanz gewahrt werden. Ein anderer erzählte, dass er nur nach oben duzt, das heißt, niemanden, der hierarchisch unter ihm steht. Das empfinde ich als ziemlich unentspannt.

Gewiss ist es wichtig, dass in einer Firma klar ist, wer was zu sagen hat. Aber mir selbst ist in all den Berufsjahren nur eine einzige Situation in Erinnerung, in der ich klipp und klar sagen musste: Bei aller Sympathie und freundschaftlicher Verbindung, entscheide an dieser Stelle ich. Das hat zu einer kurzen Irritation geführt, dann war die Sache aber klar. Daher denke ich, dass es möglich ist, befreundet zu sein und zusammenzuarbeiten. Kommt es zu einem Konflikt oder zu Konkurrenz kann das in einer guten Beziehung auch ausgesprochen werden.

Eine meiner schon erwähnten Freundinnen ist Elke. Diese ist aus einem beruflichen Miteinander gewachsen. Vor mehr als zwanzig Jahren, als ich gerade Bischöfin geworden war, bat sie mich um die Beteiligung an einem Buchprojekt mit dem Titel: *Kinder, Kirche und Karriere.* Mir hat das Miteinander zwischen ihr als Lektorin und mir als Autorin großen Spaß gemacht. Daraus entwickelte sich eine Bekanntschaft. Ich finde bis heute, dass ihr damals ein guter Wurf gelungen ist, weil Frauen, die in der Kirche arbeiten, eindrücklich erzählt haben, wie schwer es für sie ist Berufstätigkeit und Familie unter einen Hut zu bringen.

Irgendwann gab Elke einen Band mit Predigten von mir heraus und mir hat imponiert, wie gut sie mit den Texten umging. Das war kompetent und sehr professionell. Außerdem war mir die Frau sympathisch – das ist ja wie gesagt eine Grundvoraussetzung von Freundschaft: Ob zwei sich riechen können!

Als ich nach meinem Rücktritt 2010 nach Berlin zog, hat sich die berufliche Verbindung nach und nach zur Freundschaft vertieft und zwar vor allem, weil wir beide regelmäßig joggen gingen. Sie holte mich – um sieben Uhr morgens, sie ist Frühaufsteherin – mit ihrem kleinen Auto ab, wir liefen um den Schlachtensee oder die Krumme Lanke und gingen anschließend, falls die Temperatur es erlaubte, schwimmen. Beim Joggen redet es sich gut, das ist meine Erfahrung. Das ging mir ja schon mit Stefanie, meiner Laufpartnerin in Hannover so.

Ein Mann sagte mir einmal, als wir zusammen gejoggt sind: »Frau Käßmann, wenn Sie weniger reden würden, könnten Sie viel schneller laufen!« Darauf habe ich gesagt: »Aber dann würde mir das Joggen mit anderen viel weniger Spaß machen!«

Mit Elke habe ich also viel geredet, zuallererst über Berufliches: die Evangelische Kirche in Deutschland, die Berliner Landeskirche, Personen, die wir kannten, Entwicklungen, die wir beobachtet haben. Aber natürlich auch über unsere Kinder, Beziehungen, Privates.

2012 starb ihre Mutter, zwei Jahre später meine. Wir haben viel darüber gesprochen, über die Sorgen und Nöte, das Abschiednehmen, den Tod und die Trauer, über den Verlust. Es hat gut getan, sich auszutauschen. Und ich denke, das hat unsere Verbindung endgültig zur Freundschaft werden lassen. Der Schmerz des Loslassens, die Dankbarkeit, die Erinnerungen – aber auch Schwierigkeiten im Umgang mit der eigenen Mutter – das sind Themen, die du nur mit einem Menschen besprechen kannst, dem du vertraust. Bei solchen Gesprächen geht es um eine tiefe Schicht von Gefühlen, die du der anderen Person gegenüber freilegst, ohne sie ja selbst bis zum Ende durchdacht zu haben. Beim Laufen konnten wir frei formulieren, unbefangen beginnen, zu klären, was uns umtreibt.

Elke ist nicht nur eine kluge Zuhörerin und Gesprächspartnerin. Ich bewundere ihre natürliche Gabe der Gastfreundschaft. Ich selbst bin keine gute Gastgeberin. Wenn das Haus voll ist und alle Kinder da sind, freue ich mich. Wenn die Küche vor lauter Menschen überquillt, habe ich kein Problem. Aber ich bin schlicht keine gute Köchin, dazu fehlen mir Talent und Geduld. Ganz anders Elke: Sie kann einen Braten drei Tage in irgendetwas einlegen und er schmeckt zart und köstlich. Und das macht ihr auch noch Spaß! Die allerbeste grüne Soße meines Lebens habe ich an einem Gründonnerstag bei ihr gegessen. Als ich sie nach dem Rezept gefragt habe, sagte sie, sie könne sich gar nicht daran erinnern, wie sie das zubereitet hat. Sie habe irgendwie alles zusammengestellt.

Elke lädt gerne Menschen zu sich ein, um sie zu bewirten. Eine wunderbare Eigenschaft, finde ich. Manchmal habe ich jedoch ein schlechtes Gewissen und denke, ich müsste die Einladung erwidern. Aber das ist gar nicht ihr Thema, sie ist schlicht gastfrei, wie es in der Bibel so schön heißt …

Wir haben eine Weile lang versucht, Berufliches und Freundschaft auseinanderzuhalten, doch das war im Grunde gar nicht möglich. Also haben wir beides bewusst verbunden. Es war Elkes Idee, im Verlag HERDER eine Monatszeitschrift herauszugeben – und ich finde, das ist ein tolles Projekt. Weil wir uns so gut kennen, geht die Zusammenarbeit geradezu auf Zuruf. Wir telefonieren, entwickeln Themen und Ideen, es fügt sich gut und zuverlässig zusammen, was gebraucht wird. Und dann ist da immer noch Zeit, zu fragen: »Wie geht es dir?« Wir haben unsere 60. Geburtstage miteinander gefeiert, gehen mal ins Theater oder ins Kino, übernachten beieinander, wenn sie in Hannover oder ich in Berlin bin.

Auch weitere Freundschaften sind durch den Beruf entstanden. Eine Frau, die ich richtig gern mag, ist Friederike. Wir kannten uns »von ferne«, wie es heißt. Dann war sie eine der Kandidatinnen für meine Nachfolgerin als Generalsekretärin des Kirchentages. Ich erinnere mich an ein langes, sehr intensives Telefonat miteinander, das so angenehm offen war. Friederike konnte die eigenen Stärken und Schwächen extrem gut benennen, das hat mich fasziniert. Über die Jahre sind wir uns dann näher gekommen.

Sie hatte es nicht leicht, meine Nachfolgerin zu sein, das hat sie in einem Buch gut beschrieben[24]. Was ich an ihr bewundert habe, war einerseits die Klarheit, mit der sie die Sachlage beschreiben konnte, andererseits und vor allem aber ihr Lachen. Friederikes Lachen ist so ansteckend! Wir waren ein gutes berufliches Team als Vorgängerin und Nachfolgerin, aber auch beim Evangelischen Kirchentag 2005 in Hannover, denke ich. Sie war Generalsekretärin, ich gastgebende Bischöfin. So eine Konstellation bringt immer Konflikte mit sich, weil es schlicht verschiedene Interessen gibt. Da geht es gar nicht so sehr um Personen, sondern um die Verschiedenheit der Institutionen. Der Kirchentag hat eine bestimmte Vorstellung vom Programm, die gastgebende Landeskirche manchmal eine andere. Unter uns haben Friederike und ich, oft bei einem gemeinsamen Abendessen, zunächst geklärt, wie es funktionieren könnte, wie die unterschiedlichen Ansätze und Ansprüche unter einen Hut zu bringen wären. So fühlten wir uns gewappnet gegen so manches traditionelle Männerbündnis in der Kirche und beim Evangelischen Kirchentag. Friederike hatte mir irgendwann zwischen Tür und

Angel gesagt, dass sie überhaupt keine Zeit haben würde, in all dem Trubel auch noch ihren Geburtstag zu feiern. Das fand ich schade. Deshalb habe ich für sie einen kleinen Geburtstagsempfang im Garten der Bischofkanzlei organisiert. Das war für mich mit meinem Team vor Ort kein Problem und für Friederike eine große Freude. Am Ende waren wir beide einfach glücklich, weil der Kirchentag so gelungen daherkam und das Miteinander der verschiedenen Gruppierungen und Organisationen ziemlich reibungslos lief. Aber wir waren auch beide ziemlich erschöpft.

Als ich später in Berlin wohnte, gab es viele Treffen, oft bei Elke, manchmal zu Kino- oder Theaterbesuch. Wir haben in vielerlei Hinsicht Interesse aneinander – an Kindern und Familie, an den unterschiedlichen Erlebniswelten als ehemals Ost- und Westdeutsche, an Kirche, Kirchenpolitik; und natürlich am Austausch über unsere Enkelkinder. Es ist toll, dass wir jetzt mit dem Großmutterstatus neue gemeinsame Erfahrungen machen dürfen. Ich freue mich einfach an unserem Miteinander. In bestimmten Lebensphasen finden die Treffen sehr sporadisch statt, längere Zeit sehen wir uns selten. Aber wenn wir uns dann sehen, ist es meistens sofort wieder ein ganz intensives, vertrautes Gefühl.

Eine Freundschaft ist entstanden, als die evangelisch-theologische Fakultät der Universität Bochum mir den Professorentitel verliehen hat. Das ist ein ziemlich aufwendiges Verfahren, und Isolde war die treibende Kraft dafür. Wir beide kannten uns schon länger, waren uns sympathisch. In einer Auseinandersetzung, die sie mit der EKD hatte, fand ich ihre Position interessant und habe sie als Ratsvorsitzende eingeladen, die unterschiedlichen Meinungen auszutauschen. Leider ist das nicht so gut gelungen, wie ich gehofft hatte. Isolde hatte viel Zeit investiert, ihre Familie alleine gelassen und war durch Schnee und Eis an einen ziemlich abgelegenen Ort gefahren, um dann in heftige, eher unerquickliche Diskussionen verwickelt zu werden. Im Nachhinein eine ziemlich sinnlose Aktion. Das Gute an der Sache ist, dass wir heute darüber lachen können. Und wenn Isolde lacht, dann aber so richtig. Ich muss selbst direkt lachen, wenn ich das nur schreibe.

Ich war völlig überrascht von ihrer Idee, ein Verfahren für den Professorentitel einzuleiten, habe mich aber natürlich darüber gefreut. Dafür musste ich ziemlich viele Texte von mir, Vorträge, Veröffentlichungen zusammenstellen – und Isolde musste sie alle lesen! Im Dezember 2010 wurde der Titel feierlich verliehen. Als ich zu einer Vorbereitung im Sommer zuvor zu einem Gespräch in Bochum war, lernten der Rektor der Universität und ich uns kennen. Er hatte anschließend die Idee, dass ich ein Jahr eine Gastprofessur in Bochum übernehmen könnte. Das war dann wirklich spannend. Isolde war in dem Jahr Dekanin der Fakultät, sie hat mir beiseite gestanden in allen Fragen, die so etwas mit sich bringt. Vor allem aber hatten wir dadurch Zeit, diesen so besonders kostbaren Faktor. Wir waren beide in der Woche in Bochum, konnten uns zum Essen treffen, morgens, mittags, abends oder auch mal zwischendurch. So sind intensive Gespräche über Gott und die Welt möglich geworden.

Bei solchen Gelegenheiten kommt ja stets auch die Familie ins Spiel. Es war schön, Isoldes Familie kennenzulernen. Ich schätze ihren Mann auch als klugen Theologen und kann sagen: Toll, wenn es das gibt, zwei Menschen, die sich lieben und sich noch dazu auf einem so hohem Niveau austauschen können. Vielleicht sagt genau das etwas über Freundschaft aus: Sie neidet nicht, sondern sie freut sich mit dem anderen. Wenn Isolde von der Entwicklung ihrer Söhne erzählt, dann freu ich mich einfach mit. Auch ihr Leben ist natürlich nicht nur von Leichtigkeit und Erfolgen geprägt, sondern es gibt Täler, die zu durchschreiten sind, Kämpfe, die ausgefochten werden müssen. Umso mehr ist es wunderbar, wenn das Glück und das Leben gefeiert werden. Das habe ich erlebt bei ihrem 50. Geburtstag – und sie bei meinem 60.

Ich bewundere Isolde für ihre Klugheit. Sie kann theologische Fragen in der Tiefe analysieren und durchdenken. Als wir beim Dresdner Kirchentag zusammen gefrühstückt haben, erzählte ich, dass ich noch ein Podiumsgespräch zum Thema Sexualität vor mir hätte und offen gestanden gar nicht genau wüsste, worum es da wohl genau gehen würde. Isolde hat mir beim Frühstück einen so kompetenten Vortrag gehalten – und dabei auch noch weiter gegessen –, dass ich echt beeindruckt war. Sie ist ein Kompendium an Wissen! Und sie kann gut streiten. Wenn ich hier oder da eine andere Meinung habe als sie, muss ich mich echt anstrengen, gegenzuhalten. Immer bin ich aus einem Gespräch mit ihr klüger herausgekommen, als hineingegangen. Es ist bereichernd, wenn wir in einer Freundschaft voneinander lernen können. Und dass meine Wertschätzung für sie nicht einseitig ist, hat sie in einem schönen Beitrag zu meinem 60. Geburtstag beschrieben. Seit dem gemeinsamen Jahr in Bochum ist die Frequenz der Begegnungen zurückgegangen. Aber dann kommt eine Mail: »Gehen wir beim Kirchentag in Dortmund zusammen essen?« Und ich schreibe zurück: »Na klar, wir treffen uns beim Eröffnungsgottesdienst und dann verbringen wir den Abend zusammen.«

Auch Gabriele ist mir über das Thema Bücher machen zur Freundin geworden. Sie war es, die mich dazu gebracht hat, ein allererstes Buch zu schreiben: *Erziehen als Herausforderung*. Als sie mich als Autorin umworben hat, nach dem Motto: »Das ist doch gerade ein so wichtiges Thema, es wäre wunderbar, wenn eine real existierende Bischöfin dazu aus christlicher Perspektive schreibt«, war dies insofern witzig, weil es gerade tatsächlich eine Herausforderung war, meine vier Töchter zu erziehen. Sie forderten viel Aufmerksamkeit, steckten zum Teil mitten in der Pubertät – und das neben all den beruflichen Anforderungen und einem übervollen Terminkalender.

Ich habe Gabriele gesagt, dass ich mit Blick auf Zeit einfach absolut am Limit sei. Keine Chance, nebenher zusätzlich noch ein Buch zu schreiben. Daraufhin meinte sie, das sei kein Problem. Es sei üblich, dass einfach jemand komme, vielleicht dreimal zwei Stunden mit mir rede – und fertig sei das Buch. Da dachte ich: »Wenn es so leicht ist, warum eigentlich nicht?« Die Person kam und legte ein paar Wochen später den Text vor, der sich aus den zwei Stunden Gespräch ergeben hatte.

Als ich alles gelesen hatte, dachte ich: »Das geht für mich überhaupt nicht, das ist so gar nicht mein Schreibstil! Da merken doch alle, die das lesen: Das bin nicht authentisch ich, die da erzählt!« Was also tun?

Allzu spontan habe ich gesagt: »Dann schreibe ich das halt im Sommerurlaub selbst!«

Wenn ich den Anfang des Buches, das dann tatsächlich entstand, heute lese, muss ich lachen. Ich erzähle auf der ersten Seite, dass meine älteste Tochter 18 Jahre alt ist, sich von zu Hause aufmacht, ihr eigenes Leben zu gestalten – und die Beziehung dadurch weniger eng sein wird … Da hatte ich noch keine Ahnung, welche Anforderungen Kinder stellen, wenn sie älter werden, welche Herausforderung die Begleitung ins Berufsleben bedeutet und was es heißt, wenn Enkel kommen.

Die Zusammenarbeit mit Gabriele hat mir trotz all dem Stress, den das Buchprojekt mit sich brachte, viel Spaß gemacht. Bis heute haben wir beide einen guten Draht. Ich denke, Verlage unterschätzen oft, wie wichtig die Beziehung zwischen Autorin und Lektorin ist.

Zwei besondere Momente verbinden uns bis heute: Für 2007 hatte ich zugesagt, ein Manuskript zum 50. Geburtstag abzuliefern. Es war irgendwann klar, dass im Mai dieses Jahres unsere Scheidung öffentlich werden würde. Ich sehe mich noch im Café in Wittenberg mit Gabriele sitzen und diskutieren. Schnell wurde deutlich: Buch und Scheidung zusammen – das geht dieses Jahr einfach gar nicht! Gabriele hat schwer geschluckt, es aber akzeptiert – und der Verlag auch. Mich hat das damals total entlastet. Am Ende kam das Buch *In der Mitte des Lebens* im Herbst 2009 heraus und war ein großer Erfolg. Es war gut gewesen, abzuwarten.

Danach änderte sich das Leben von Gabriele noch einmal ganz und gar. Sie hat sich entschieden, ihr Theologiestudium wieder aufzunehmen und Pfarrerin zu werden. Das war ein schwerer und harter Weg mit Anfang vierzig, noch dazu mit zwei Kindern. Ich habe größten Respekt, wie sie dennoch alle Hürden genommen hat. Heute ist sie Pfarrerin, ich sehe sie mit Bewunderung und freue mich, dass sie es geschafft hat.

Wir beide haben ab und an ein weiteres Buchprojekt zusammen verwirklicht, beispielsweise als wir einen kleinen Band mit Frauengebeten herausgegeben haben. Ich sehe uns auch noch um meinen Esstisch wandern, auf dem jede Menge Papiere ausgelegt waren – auf der Suche nach den besten Frauengedichten. Dass war immer ein vertrautes Zusammenarbeiten, wir hatten Spaß daran. Wir wissen einander eng verbunden – und dennoch hat unsere Freundschaft eine wohltuende Weite. Ich denke, wir könnten uns jederzeit anrufen, wenn die eine die andere braucht. Und wir würden füreinander einstehen.

Zuletzt hat sie zu meinem 60. Geburtstag ein Buch herausgegeben, das Elke auf den Weg gebracht hat. Im Vorwort schrieb sie: »›Mutig‹, ›offen‹ und ein Kommunikationsgenie auf allen Ebenen, ist Margot Käßmann eine, die ›der Welt den Spiegel vorhält‹, ›eine starke Kämpferin‹, die den Streit nicht will – und ihn um der Sache willen nicht scheut. Das sorgt auch für Unruhe, Widerstand, Neid, das fühlt sich nicht schön an, auch nicht für sie selbst. Das ist ganz schön schwer. Und hat wohl mit einer Unabhängigkeit von äußeren Umständen zu tun – und der Bindung an Ewiges.«[25] Damit habe ich mich sehr verstanden gefühlt. 2019 hat sie mich zu einer Lesung nach Freiburg eingeladen, 2020 werde ich einen Gottesdienst mit ihr halten. Wir bleiben in Verbindung!

Auch mit Ulrike verbindet mich eine Freundschaft, die im beruflichen Umfeld entstanden ist. Sie war die Redakteurin, die mich für den evangelischen Pressedienst im Vorfeld der Bischofswahl in Hannover 1999 interviewen sollte. An den Tag erinnere ich mich gut. Der Fotograf wollte unbedingt ein Foto beim Joggen – später wurde mir erst klar, warum das wichtig war. Es sollte sozusagen Gegenbilder geben. Unser alter Golden Retriever Lisa lief dabei geradezu noch einmal zu Höchstform auf. Die Hündin, die schon lange nicht mehr gerne viel lief, zeigte sich mit mir begeistert am Rand eines blühenden Rapsfeldes. Das Foto hat mir Ulrike viele Jahre später in einem wunderschönen Rahmen geschenkt, es hängt heute in meinem Häuschen auf Usedom als Erinnerung an der Wand.

Ich mochte Ulrike von Anfang an, wir waren zusammen Essen, haben uns ausgetauscht über Familie, Kirche, Politik und anderes. Trotz aller Nähe haben wir es meines Erachtens nach immer geschafft, die notwendige Distanz einzuhalten, die es brauchte, damit das Miteinander eine kirchlichen Journalistin und einer Bischöfin funktioniert.

168

An einen besonderen Moment erinnere ich mich, wo diese Mischung aus beruflicher Professionalität und persönlicher Nähe hilfreich war: Als mir klar wurde, dass die Scheidung meiner Ehe unvermeidlich ist, habe ich es Ulrike erzählt. Und sie hat sofort recherchiert: Gab es das schon einmal in der jüngeren Kirchengeschichte, dass sich Bischöfe oder Bischöfinnen von ihren Partnern scheiden lassen? Sind Scheidungen in der evangelischen Kirche auf dieser Ebene akzeptabel? Welche theologischen und welche kirchenrechtlichen Grundlagen gibt es?

Auf jeden Fall war der epd sehr gut vorbereitet, als die Scheidung öffentlich wurde … und die von Ulrike verfassten Recherchen zum Thema wurden oftmals nachgedruckt, auch weil viele andere Medien natürlich genau diese Fragen beantwortet wissen wollten. Einen kleinen Standortvorteil darf eine kirchliche Nachrichtenagentur auch mal haben, denke ich.

Unsere Freundschaft hat jenseits beruflicher Vernetzung die Zeiten überdauert, das finde ich schön. Als ich in Atlanta war, hat Ulrike mich besucht und ist danach zu ihrer ehemaligen Gastfamilie weiter gereist. Als Austauschschülerin war sie Jahre zuvor in den USA gewesen. Auch diese Erfahrung, als Jugendliche ein Jahr in den USA verbracht zu haben, verbindet uns.

Letzten Herbst waren Ulrike und ich gemeinsam zum Laubharken auf Usedom. Das hat etwas Sinnliches: zusammenrechen, was übrig ist. Danach ein Abend am Kamin mit Gesprächen über Gott und die Welt. Mehr kann eine Freundschaft sich kaum wünschen.

»Wir haben uns
aus den Augen verloren …«

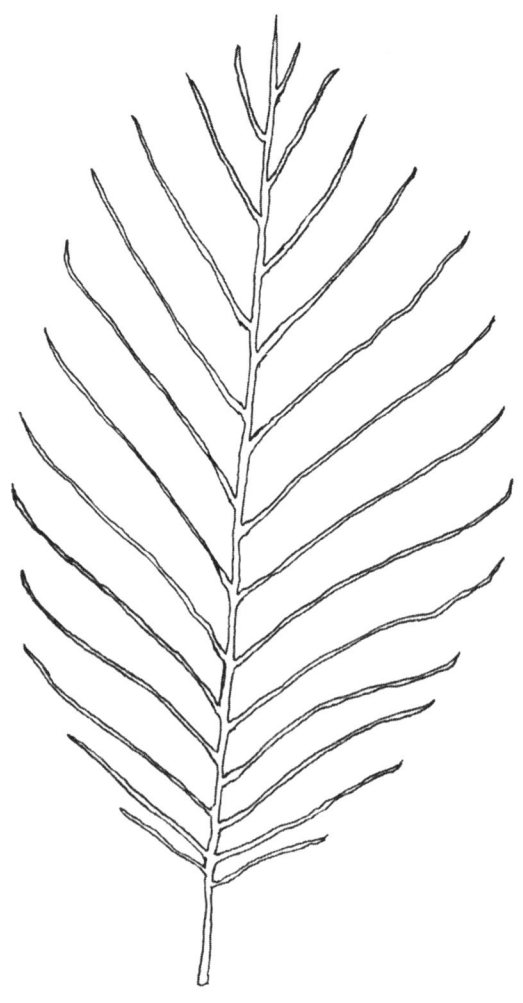

Neben meiner Kindheitsfreundin Monika war Sabine die einzige Schulfreundin, die mir geblieben war. Vor allem in der 12. und 13. Klasse hatten wir auf der Elisabethschule zusammen intensive Erfahrungen gesammelt. Es war ein enges Miteinander, Jungen spielten damals keine Rolle für uns. Wir hatten zusammen eine richtig gute Phase, in der wir es toll fanden, *Effi Briest* zu lesen, uns über *Die Physiker* von Max Frisch auszutauschen und uns satt zu lesen an Geschichte, vor allem mit Blick auf den Nationalsozialismus. Unvergessen eine Klassenfahrt nach Wien. Und es gab einen gemeinsamen Skiurlaub. Ihre Mutter, die einen neuen Partner hatte, den Sabine nicht mochte, lud mich ein mitzufahren. Vielleicht hoffte sie, mit meiner Anwesenheit ließen sich die Wogen etwas glätten?

Später hatten Sabine und ich leider nur lose Kontakt. Studium, Heirat, die Geburten der Kinder, berufliche Anforderungen bewirkten, dass wir uns immer seltener trafen. Wie das halt so ist in der Rushhour des Lebens: Der Zeitdruck ist groß.

Wir beide hatten dabei durchaus immer das Gefühl, das wir uns viel öfter sehen sollten.

Zu ihrem 50. habe ich Sabine eine Karte geschrieben mit dem Tenor: »Jetzt müssen wir uns aber unbedingt bald mal ganz in Ruhe treffen.«

Ein paar Tage später habe ich am Schreibtisch in der Bischofskanzlei die Post geöffnet – darunter war Sabines Todesanzeige. Sie war wenige Tage nach ihrem 50. Geburtstag gestorben. Mir sind direkt Tränen in die Augen geschossen. Das kann doch nicht sein! Warum hat sie nicht gesagt, dass es ihr schlecht geht, dass sie krank ist? Ich wäre doch sofort nach Wuppertal gekommen!

Als ich mich gefasst hatte, habe ich ihren Mann angerufen. Er sagte, Sabine habe ja gewusst, unter welchem Stress ich stand. Die Krebsdiagnose war heftig, die Situation aussichtslos, der Krankheitsverlauf kurz. Sie wollte mich damit nicht belasten, ließ mich aber durch ihren Mann nun herzlich grüßen, weil sie sich gedacht hatte, dass ich bald anrufen würde.

Ich hätte sie gern noch gesehen, mit ihr geredet, mich verabschiedet.

Warum hatte ich mich all die Jahre so wenig um sie gekümmert? Mir so wenig Zeit genommen. So wichtig kann der Beruf doch nicht sein!

Sabine war die letzte, mit der ich Erinnerungen an die Schulzeit teilen konnte. Das klingt vielleicht egoistisch. Aber mir tut es bis heute weh, dass sie mich nicht ins Bild gesetzt hat, wie es um sie stand. Ich hätte sie gern noch einmal gesehen, vielleicht wäre ich ihr als Pastorin ja auch eine gute Gesprächspartnerin auf dem letzten Weg gewesen. Hat es da an Vertrauen gemangelt, frage ich mich. Seitdem habe ich immer auch ein wenig Angst um Freundinnen und Freunde, wenn Krisen und Krankheit kommen.

Das Leben wird mit dem Alter immer kostbarer, weil wir wissen, wie begrenzt, wie zerbrechlich es ist. Wie können wir einander begleiten, uns die Zeit nehmen, die Freundschaft braucht? Sind die Freundinnen und Freunde für mich da, und ich für sie, wenn wir krank sind?

Eine Freundin, einen Freund beerdigen, das ist ein schwerer Gang, weil jemand aus unserem Leben geht, mit dem wir viel geteilt haben. Und je älter wir werden, desto öfter kommen ja auch solche Einschläge. Wenn uns das klar ist, können wir Freundschaften noch mehr wertschätzen und sie auch bewusst pflegen.

Und natürlich können auch bestehende Freundschaften enden. Ich denke an eine Freundin, die sich nach und nach so weit weg entwickelte. Ich bin gewiss frauenbewegt und durchaus auch Feministin. Aber für sie wurden Männer immer mehr zu Hassobjekten, fast Menschen zweiter Klasse. Auf einmal konnte sie nur noch in feministischen Kategorien denken. An allem war das Patriarchat schuld, Hexen wurden zum zentralen Thema. Sie sagte, in diesem ›System‹ gehe sie nicht mehr wählen. Das war, bei all meiner Sympathie für den Feminismus, zu viel für mich. Schließlich haben Frauen jahrzehntelang unter hohem Einsatz für ihr Wahlrecht gekämpft. Das war mir alles zu einseitig, zu wenig kritisch auch gegenüber der eigenen Position. Darüber ist unsere Freundschaft zerbrochen. Ich konnte ihren Weg schlicht nicht mitgehen und ihre neuen Freundinnen wären niemals meine Freundinnen geworden. Bei dem letzten Geburtstag, zu dem ich sie besucht habe, waren ausschließlich Frauen anwesend, die in einer ganz eigenen Welt lebten. Da habe ich gemerkt, ich gehöre nicht dazu, das ist mir fremd. Sie war in ein Umfeld eingetaucht, das ich nicht mehr nachvollziehen konnte, und ich war für sie vermutlich zu einem Symbol von bürgerlicher Spießigkeit geworden. Da müssen sich Wege auch trennen können, wir sollten uns nichts vormachen. Manchmal passt es einfach nicht mehr zusammen, da tun sich inhaltliche Differenzen auf, die sich nicht mehr überbrücken lassen und dann kann eine Freundschaft auch in aller Freundschaft beendet werden.

Unterschiedliche Meinungen halte ich für anregend, sie bringen mich zum Nachdenken. Manchmal ändere ich auch meinen Standpunkt, wenn ich finde, jemand hat recht. Aber ich könnte – wie zum Thema Konflikte schon ausgeführt – nicht mit jemandem befreundet sein, der menschenverachtende Parolen von sich gibt oder Menschen anderer Religion diffamiert.

Enttäuschung kann ja auch bedeuten, dass wir einer Täuschung erlegen sind. Es kann wehtun, das zu merken. Aber die Lebenserfahrung zeigt: Damit kann ich leben. Und wir können Enttäuschungen überwinden.

Es ist wichtig, das weiterzugeben, wenn jemand gerade völlig verzweifelt ist, und nicht weiß, ob er überhaupt noch einmal vertrauen kann. Enttäuschtes Vertrauen tut weh. Aber trotzdem und gegen diese Enttäuschung gilt es, wieder Vertrauen zu wagen!

Um eine Freundschaft, die mir wichtig ist, würde ich kämpfen. Manchmal ist es aber auch richtig, eine Freundschaft zu beenden. Und manche Freundschaften verlaufen wie gesagt schlicht im Sand. Du versuchst, den Kontakt zu halten, es klappt noch einmal mit einem Besuch, danach plätschert es so vor sich hin und irgendwann ist es vorbei. Du verlierst dich im wahrsten Sinne des Wortes aus den Augen. Und dann war der andere, die andere nicht so wichtig. Oder die Lebenssituationen haben sich verändert. Die einen haben Kinder, die anderen nicht – das kann riesige Distanz schaffen. Die eine ist auf einmal auf dem Trip, dass Geld alles bedeutet, die andere nicht. Oder einer wird überzeugter Veganer und die Gespräche drehen sich dann immer wieder um die richtige Ernährung – was alle Freunde ziemlich nervt. Oder es gibt ein politisches Thema, das besser gemieden wird, weil es Sprengstoff für die Freundschaft in sich birgt.

Die Treffen werden seltener, auch telefonieren ist anstrengend geworden. Irgendwann ist es mit der Freundschaft dann vorbei. Es muss einfach akzeptiert werden, dass es solche Entfremdung gibt, denke ich.

Nicht jede Freundschaft hält lebenslang. Das ist nicht schlimm. Wir können verlorene Freundschaften betrauern, aber das Ende ist auch keine Katastrophe.

Manche Abschiede tun weh, andere hinterlassen das Gefühl der Erleichterung, weil es zuletzt einfach nur noch anstrengend war, zusammen zu sein.

An die meisten Freundschaften, die im Laufe der Jahre endeten, erinnere ich mich jedoch in Dankbarkeit. Und meine Erfahrung ist: Ich kann mich meinen Freundinnen anvertrauen in den Krisen meines Lebens. Das tut gut, das gibt Halt.

Freundschaft in Geschichte, Liedern, Literatur und Film

Wer beginnt, über Freundschaft nachzudenken, stößt an vielen Orten auf ihre Spuren. In der Zeitgeschichte in Romanen, Erzählungen und Gedichten, Liedern und Filmen finden sich zahllose Beispiele wunderbarer Freundschaften – aber auch der Entfremdung voneinander. Einiges habe ich hier zusammengetragen. Ich denke, wenn Sie genauer hinschauen und hinhören, sich hineinlesen, werden Sie viele weitere finden.

Meine allerliebste Freundschafts-Geschichte ist die von Franz von Hahn, Johnny Mauser und dem dicken Waldemar in *Zum Glück gibt's Freunde*. Ich gebe zu: Große Literatur ist das nicht. Aber Helme Heine hat das Miteinander der drei so wunderbar beschrieben, dass ich das allergrößte Vergnügen habe, seine Geschichten mit meinen Enkelkindern zu lesen. Die drei leben in Mullewapp, einem kleinen Dorf irgendwo. Da ist Platz für alle, es gilt Abenteuer zu bestehen, aber es gibt eben auch Geborgenheit. Und was immer sie erleben, am Ende steht ein guter Satz zum Thema Freundschaft: »Richtige Freunde träumen voneinander«, oder: »Technik ist gut, aber Freundschaft ist besser!« Und ganz elementar: »Es ist schön, Freunde und ein warmes Bett zu haben.« Bei diesem Buch mit den wunderbaren Zeichnungen rührt Kinder wie Erwachsene an, wie verschieden die Freunde sind. Eine kleine Maus, ein etwas arroganter Hahn und ein dickes Schwein – was könnte die verbinden? Sie sind schlicht Freunde, die es lieben, ihre Zeit miteinander zu teilen und Abenteuer zu erleben. Die drei sind total sympathisch und sie vertrauen einander. Sie halten die Verschiedenheit nicht nur aus, sie feiern sie.

Ein anderes Buch, das meine Kinder, Enkel und ich sehr mögen ist *Oh wie schön ist Panama* von Janosch. Der Künstler hat mit dem kleinen Bären und dem kleinen Tiger ein Freundespaar geschaffen, das Kinder, Eltern und Großeltern gleichermaßen fasziniert. Wie sie sich gegenseitig versichern, sich vor nichts fürchten zu müssen, wie der Bär für den Tiger kocht und der Tiger jeden Tag dasselbe Essen mag, wie sie Maus und Fuchs und Kuh treffen und am Ende wieder nach Hause kommen und glücklich sind, das ist einfach nur schön. Ja, sicher, es gibt ganz große Literatur zum Thema Freundschaften. Aber Franz von Hahn, Johnny Mauser und der dicke Waldemar samt Bär und Tiger sind mir trotzdem irgendwie die liebsten.

Auch in der **Poesie** dreht sich vieles um die Freundschaft, das haben Beispiele in dem Buch ja schon gezeigt. Ein Gedicht von *Reiner Kunze* beschreibt, wie Freundinnen oder Freunde sich ergänzen können:

Rudern zwei

Rudern zwei ein Boot,
der eine kundig der Sterne,
der andre kundig der Stürme,
wird der eine führen durch die Sterne,
wird der andere führen durch die Stürme,
und am Ende, ganz am Ende
wird das Meer in der Erinnerung blau sein [26]

Oft wird gesagt, das sei ein Liebesgedicht, aber es ist mein Lieblingsgedicht zur Freundschaft. Freundschaften werden dann besonders dicht, wenn sie nicht nur wunderbare Sternenzeiten erleben, sondern auch Stürme des Lebens bewältigt werden müssen. So entsteht gemeinsame Erinnerung. Und manchmal, wenn zwei zusammen zurückblicken, ist das, was durchgestanden wurde, zusammengeschmolzen zu einer großen Gemeinsamkeit, zur Freundschaft.

Die eigenen Fähigkeiten in das Miteinander einzubringen, selbstverständlich zu teilen und über die Jahre Geschichten zu kennen, die wir geteilt haben, das macht Freundschaft aus.

Viele alte Gedichte über Freundschaft strotzen von Pathos, gar heroischer Anmutung. Ich denke, die leiseren Töne werden dem Thema wesentlich gerechter, wie es Marie von Ebner-Eschenbach in ihrem bereits zitierten Gedicht *Einen Menschen wissen …*[27] gelungen ist:

Einen Menschen wissen,
der dich ganz versteht,
der in Bitternissen
immer zu dir steht,
der auch deine Schwächen liebt
weil du bist sein,
dann mag alles brechen
du bist nie allein.

Auch dieser Text kann als Liebesgedicht betrachtet werden. Vielleicht zeigt gerade die Poesie, wie eng Liebe und Freundschaft beieinander liegen. Und ja, wir lieben unsere Freundinnen und Freunde doch auch. Auf jeden Fall ist diese Verbindung, solche Freundschaft lebenslanger Halt. Alles mag brechen …

Mit Blick in die **Geschichte** hat mich die Freundschaft von Bettina von Arnim und Karoline von Günderode beeindruckt. Ihr Briefwechsel aus dem 19. Jahrhundert ist anrührend, von großer Zartheit. So schreibt Bettina: »Ich kann nicht dichten wie du, Günderode, aber ich kann sprechen mit der Natur, wenn ich allein mit ihr bin … Und wie ich zurückkomm, da stellen wir unsere Betten dicht nebeneinander und plaudern die ganze

Nacht zusammen … und halten große tiefsinnige Spekulationen, wovon die alte Welt mit ihren eingerosteten Angeln kracht, wenn sie sich nicht gar umdreht davon.«[28]

Und natürlich spielt Freundschaft in **Filmen** immer wieder eine große Rolle. Ich denke zum Beispiel an das Drama *Die Farbe Lila* nach dem Roman von Alice Walker. Als er unter der Regie von Stephen Spielberg 1985 in die Kinos kam, wurde nicht nur brutale innerfamiliäre sexuelle Gewalt thematisiert, sondern auch eine Frauenfreundschaft mit lesbischer Komponente. Celie wird von ihrem Vater vergewaltigt und schwanger. Ihr Leben ist eine einzige Demütigung, ein Überlebenskampf. Der Vater zwangsverheiratet sie mit einem älteren Mann. Der schleppt eines Tages seine Geliebte Shug an.

In all den Härten und Brutalitäten des Films befreunden sich erstaunlicherweise Celie und Shug. Es wird eine Freundschaft, die dem Grauen trotzt, die Versöhnung möglich macht. Auch hier geht es um die Grenze zwischen Freundschaft und erotischer Liebe.

Dem Film wurde vorgeworfen, die sexuelle Seite der Beziehung zwischen den beiden Afroamerikanerinnen Celie und Shug eher heruntergespielt zu haben. Das finde ich interessant. Die Frage der homosexuellen Beziehung von Frauen wird heute offener thematisiert als noch in den 1980er-Jahren.

Besonders prägend war die amerikanische Fernsehserie *Sex and the City*: Vier sehr verschiedene Frauen, alle älteren Jahrgangs, die in New York miteinander reden, streiten und shoppen gehen (auf so hohen Absätzen, dass ich keine zwei Schritte geschafft hätte!). Es war vielleicht das erste Mal, dass so attraktive und selbstständige Frauen im Fernsehen gezeigt wurden, die keinen »Zickenkrieg« um irgendeinen Mann veranstaltet haben, sondern je eigenständige Persönlichkeiten sind, loyal zueinander oder auch solidarisch, und dazu mit handfestem

Humor. In ihrem bereits erwähnten Buch *Was Frauen einander bedeuten* meint Susann Sitzler, diese Serie und der Film *Thelma und Luise*, der zwei Frauen beschreibt, die sich radikalisieren und am Ende einander an den Händen haltend auf einen Abgrund zurasen, hätten landläufige Vorstellungen von Frauenfreundschaft verändert: »Um sich aus der spezifischen sozialen Ohnmacht ihres Geschlechts zu befreien, müssen Frauen zur Freundschaft fähig sein. Sie ist das, was am Ende bleibt – und die Grenze zur Komplizenschaft ist dabei manchmal fließend.«[29] Das finde ich einen sehr interessanten Gedanken.

Und Männerfreundschaften im Film gibt es natürlich auch. Das fängt schon mit *Ernie und Bert* von der Sesamstraße an. Seit 1969 (1973 in Deutschland) sind die beiden für Kinder präsent, reden miteinander, machen Quatsch. Ernie ist eher der naive, unbeschwerte. Bert hat die großen Ideen, manchmal streng und meist korrekt. Mark Saltzmann hat die beiden erfunden und ihre Freundschaft in vielen Sendungen zelebriert. Selbst diesen beiden Handpuppen-Figuren wurde übrigens gelegentlich unterstellt, schwul zu sein. Darüber kann man nur den Kopf schütteln.

Frodo und Sam aus *Herr der Ringe* haben Weltberühmtheit erlangt. Frodo verlor früh seine Eltern und wuchs bei einem Adoptivvater auf. Sam ist sein bester Freund und geht mit ihm durch Dick und Dünn. Gemeinsam bestehen sie Herausforderungen und Abenteuer, um den Ring zu bewahren.

Wird über Männerfreundschaften im Film nachgedacht, müssen vor allem natürlich Winnetou und Old Shatterhand genannt werden. Die beiden waren nicht nur Freunde, sondern sogar Blutsbrüder! Als Jugendliche war ich fasziniert von dieser Freundschaft. Wie sie sich die Unterarme ritzen und die blutenden Stellen gegeneinander halten, das fanden wir damals großartig. Zwei Männer so verschieden und einander so vollkommen verbunden. Zahlreiche Bilder sind mir in Erinnerung geblieben: Winnetou hängt an einem Ast, stürzt beinahe in den Tod, da reicht ihm Old Shatterhand die Hand. Oder: Old Shatterhand hält den sterbenden Winnetou im Arm. Das war eine Freundschaft, die meine Generation vor der Leinwand miterlebt und mit den beiden gelitten hat, wenn es ums Ganze ging.

Besonders erfolgreich war in den letzten Jahren der Film *Ziemlich beste Freunde*, in dem sich ein sehr reicher, gelähmter weißer Franzose und sein schwarzer Pfleger anfreunden. Nach anfänglichen Schwierigkeiten gelingt es den beiden viele Konventionen hinter sich zu lassen. Und der eine rettet am Ende den anderen aus tiefer Depression.

Erst 2019 kam der Film *Green Book* in die Kinos. Er erzählt von einem weißen Fahrer, der einen schwarzen Pianisten in den 50er-Jahren durch die Südstaaten der USA kutschiert. Beides schöne, humorvoll ins Bild gesetzte Filme, die auf wahren Geschichten beruhen. Wunderbar, wenn es solche Freundschaft als Kontrapunkt zu gesellschaftlichen Konventionen gibt! Und ermutigend, wie gut das offenbar beim Publikum ankommt.

Interessant ist, dass mit *Harry Potter* eine Dreierfreundschaft in Literatur und Kino zu Berühmtheit kam, mit der viele Kinder und Jugendliche sich identifiziert haben. Ron Weasley ist Harrys bester Freund, aber erst Hermine Granger macht das Trio komplett.

Lieder zum Thema Freundschaft gibt es viele, nicht nur das zu Anfang des Buches genannte *Ein Freund, ein guter Freund*. In letzter Zeit ist Bruno Mars, *Count on me* zum Hit geworden. Oder denken wir an den Song *You´re my best friend* der Band Queen, die durch den Film *Bohemian Rhapsody* gerade noch einmal große Triumphe gefeiert hat.

Für mich selbst bleibt Carole King in Erinnerung:

You've got a friend
When you're down and troubled
And you need some love and care
And nothing, nothing is going right
Close your eyes and think of me
And soon I will be there
To brighten up even your darkest night

You just call out my name
And you know wherever I am
I'll come running, to see you again
Winter, spring, summer or fall
All you have to do is call
And I'll be there
You've got a friend

Wenn ich den Text lese und für dieses Buch nochmals abschreibe, kann ich Carole King singen hören. Das Lied ist mehr als vierzig Jahre alt, drückt aber bis heute aus, was Freundschaft bedeutet, denke ich. Wenn es dir gar nicht gut geht, wenn du jemanden brauchst, der sich um dich sorgt, weil gerade gar nichts funktioniert, dann ist es gut zu wissen: Du hast eine Freundin, einen Freund.

Und natürlich für immer und ewig unvergessen die Beatles, *… with a little help from my friends.* Sie haben recht: Bei Liebeskummer, wenn es uns schlecht geht – wir werden es schaffen – mit der Hilfe unserer Freundinnen und Freunde. Sehr weise, das bleibt gültig! Und irgendwie schwang beim Zuhören immer die Hoffnung mit, dass die Jungs aus Liverpool auch wirklich Freunde wären …

Alles kann neu beginnen

Jede und jeder hat Erfahrungen mit dem Thema Freundschaft. Der eine hat das Glück seit Jahrzehnten auf einen guten Freund oder eine Freundin bauen zu können. Die andere schätzt den täglichen Austausch mit ihrer besten Freundin, der gar nicht mehr aus ihrem Leben wegzudenken ist. Und wieder andere trauern um verlorene Freundschaft.

Dankbar für gute Freundinnen und Freunde zu sein, das ist wichtig.

Sich darum zu mühen, dass neue Freundschaft entsteht, dem anderen immer wieder ein Stück weit entgegenzugehen, das sollten wir im Blick behalten.

Und wir dürfen uns daran freuen, dass sich Freundschaft plötzlich auch wieder erneuert.

Ich denke an einen Freund, den ich sage und schreibe vierzig Jahre nicht gesehen hatte. Eines Tages stand er nach einem Vortrag vor mir. Ich habe mich riesig gefreut. Mir fällt dabei immer das alte Lied von Peter Cornelius ein: »Du entschuldige, i kenn di … bist du nicht die Kleine, die ich schon als Bub gern gehabt hab …«.

Wir haben in der Eile nur schnell Telefonnummern austauschen können, uns dann aber verabredet und nach und nach bei verschiedenen Treffen unser Leben erzählt. Es war erstaunlich, wie schnell und wie gut wir an Vergangenes anknüpfen konnten. Zum einen hatte uns die Freundschaft der Jugendzeit sehr geprägt: der Ort, in dem wir als Jugendliche lebten, die familiären Verhältnisse, die wir gegenseitig kannten, die gemeinsamen Erlebnisse etwa in der Kirchengemeinde und im Posaunenchor. Zum anderen aber hatten wir uns auch – wenn nicht beruflich, so doch inhaltlich – in ähnliche Richtungen bewegt. Die Friedensbewegung, Kirchentage, Gerechtigkeits- und Umweltfragen – es gab keinen Mangel an Themen, über die wir sprachen. Die alte Freundschaft konnte schnell neu wachsen und dabei auch vertieft werden. Das ist ein sehr schönes Gefühl. Wir hatten uns irgendwann aus den Augen verloren, weil das Leben so seine Weichen stellt. Aber wir können an das Gewesene anknüpfen und neue Wege miteinander gehen.

Solche beglückenden Erfahrungen wünsche ich auch Ihnen!

Allerdings ist mir auch klar, dass das so nicht immer gelingt, solches »Anknüpfen« lässt sich nicht einfach herstellen. Du kannst auch Menschen wiedertreffen, mit denen du mal befreundet warst, und dann findest du gar kein Thema, über das zu sprechen wäre. Das Gespräch dehnt sich irgendwie in die Länge, wird peinlich oder unangenehm. Da gibt es dann nichts, woran angeknüpft werden könnte, beide haben sich entfremdet sowohl von der Lebenssituation her als auch in den inhaltlichen Positionierungen. Und das muss dann im beiderseitigen Interesse einfach akzeptiert werden, denke ich. So werden sich ein hipper Jungunternehmer und ein alternativer Fahrradhändler, die sich seit Jugendtagen kennen, zwar mal kurz über das Vergangene unterhalten können, aber ihre Lebensentwürfe sind schlicht zu verschieden, um wirklich wieder intensiv befreundet zu sein. Das kann auch so sein, wenn zwei Frauen sich wiedertreffen, von denen die eine sich bewusst gegen Kinder entschieden hat, die andere aber sehr intensiv mit Kindern und Enkeln befasst ist. Da wird jedes Gespräch zur Anfrage an den Lebensentwurf der anderen, es gibt kein entspanntes Miteinander oder gegenseitiges Verständnis. So kann Freundschaft nicht funktionieren, auch nicht neu aufleben. Die Differenzen sind zu tief.

Und es kann immer noch neue Freundinnen und Freunde geben! Anfang 2019 habe ich mit der Stiftung Weltbevölkerung eine Reise nach Ruanda und Uganda unternommen. Wir waren zu dritt: Renate, Ulla und ich. Die beiden kenne ich schon lange, Ulla habe ich sogar bei ihrer zweiten Ehe getraut. Es war mit beiden immer eine Beziehung mit gegenseitiger Sympathie – und wenig Zeit. Frauen im »Berufsstress« sozusagen.

So eine Reise ist spannend, kann aber auch sehr anstrengend sein: anderes Klima, andere Kultur, bewegende Themen. Ich habe Reisen erlebt, bei denen Delegationsmitglieder an den Rand der Höflichkeit kamen — durch Stress, Hitze, schwierige Bedingungen. Wir drei haben uns in allen Höhen und Tiefen dieser Reise so gut verstanden, dass es erstaunlich war. Was Reiner Kunze in seinem von mir bereits zitierten Gedicht über zwei in einem Boot schreibt, ließe sich abwandeln: »Die eine war kundig der Lage, die andere war kundig, die richtigen Fragen zu stellen, die dritte kannte sich mit Religion aus.« Wir konnten schwierige Situationen bewältigen, miteinander über vieles nachdenken, reden und lachen. Wenn wir mehr Zeit hätten, könnten wir gute Freundinnen werden, vermute ich. Ob es so wird, weiß ich nicht, das wird die Zeit zeigen. Da ist im Älterwerden auch eine gewisse Leichtigkeit: Schaun wir mal.

Dass wir im Älterwerden keine neuen Freunde mehr finden würden, wie manche behaupten, das halte ich für einen Irrtum. Auch Alterseinsamkeit muss nicht sein, denke ich. Überall gibt es Treffpunkte, Plattformen, die Suche nach Ehrenamtlichen oder Chormitgliedern – Orte, an denen Freundinnen und Freunde zu finden sind. Es kommt darauf an, ob wir uns auf den Weg machen. Ob wir Interesse haben an anderen, Wertschätzung für sie empfinden und eben auch Vertrauen wagen. Klar: Freundschaft ist ein Wagnis. Aber es nicht zu wagen, das wäre doch ein herber Verlust im Leben!

Quellennachweis

1   Robert Gilbert (Text), Werner Richard Heymann (Musik)
    © Universal Music Publishing Group

2   Alle Zahlen aus: »Ist unsere Gesellschaft herzlos, weil so viele einsam
    alt werden?«, in: BILD am SONNTAG vom 28. Juli 2019, S. 7 ff.

3   Evelyn Finger: „Rettung heißt auch, dass du deinen Frieden machen
    kannst mit dir". Interview mit Margot Käßmann, in: Zeitmagazin
    5/2015, abrufbar unter: www.zeit.de/zeit-magazin/2015/05/
    margot-kaessmann-rettung.

4   https://karrierebibel.de/freundschaft/#Freundschaften-begin-
    nen-Wann-werden-aus-Bekannten-Freunde

5   Eduard Steiner: »Wenn selbst Putin Angst hat, dann Gnade uns
    Gott«, in: WELT online vom 18.06.2019, abrufbar unter: https://
    www.welt.de/wirtschaft/article195392557/Wirtschaftsforum-
    Russen-sehen-Bindung-an-China-mit-gemischten-Gefuehlen.html

6   Elisabeth Moltmann-Wendel: »Jemand, der mich gern hat«, in:
    Publik-Forum extra 04/07, S. 30 f.

7   Ebd., S. 31f.

8   Dorothee Sölle: *Loben ohne Lügen.* Fietkau, Berlin 2000.

9   Dietrich Bonhoeffer: *Widerstand und Ergebung.*
    Dietrich Bonhoeffer Werke (DBW), Band 8, hrsg. von Kuske/Tödt.
    Gütersloher Verlagshaus, Gütersloh 1989, S. 567.

10 Der gesamte Text in: Dietrich Bonhoeffer: *Ökumene.* Gesammelte
    Schriften, Band 1, hrsg. von Gremmels/Bethge/Bethge. Kaiser,
    München 1958, S. 216–219.

11 Susann Sitzler: *Freundinnen. Was Frauen einander bedeuten.*
    Klett-Cotta, Stuttgart 2017.

12 Sabine Bode: *Nachkriegskinder. Die 1950er Jahrgänge und ihre
    Soldatenväter.* Klett-Cotta, Stuttgart 2011.

13 Franz Grillparzer: *Gedichte – Epigramme – Dramen I.*
    Sämtliche Werke, Band hrsg. von Frank/Pörnbacher.
    Hanser, München 1960, S. 56 f.

14 Christian Modehn: »Männer allein unter sich«, in: Publik-Forum
    extra 04/07, S. 14 ff.

15 Klaas Huizing: *Zu Dritt.* Klöpfer und Meyer, Tübingen 2018, S. 171.

16 Lucie Machac: »Sex unter Freunden«, in: SonntagsZeitung vom
    7. Juli 2019, Zürich.

17 »Ulrike von Leszczynski: »Wie viele wirklich gute Freunde hat ein
    Mensch?« Interview mit Wolfgang Kruger. dpa

18 Jörg Bopp: »Neidisch, träge, grob und gierig«, in: Publik-Forum
    extra 04/07, S. 6 ff.

19 Ebd., S. 8.

20 Rose Ausländer: »Gemeinsam I«, in: dies.: *Ich höre das Herz des
    Oleanders. Gedichte 1977–1979.* S. Fischer Verlag GmbH,
    Frankfurt am Main 1984. Mit freundlicher Genehmigung der
    S. Fischer Verlag GmbH, Frankfurt am Main.

21 Susann Sitzler: *Freundinnen. Was Frauen einander bedeuten.*
    Klett-Cotta, Stuttgart 2017, S. 206 f.

22 Marktforschungsinstitut Statista im Auftrag der Eventagentur
    Madays, zitiert nach: BILD am SONNTAG vom 28. Juli 2019.

23 Rose Ausländer: »Wort an Wort«, in: dies.: *Im Aschenregen / die
    Spur deines Namens. Gedichte und Prosa 1976.* S. Fischer Verlag
    GmbH, Frankfurt am Main 1984. Mit freundlicher Genehmigung
    der S. Fischer Verlag GmbH, Frankfurt am Main.

24 Friederike von Kirchbach: »Wunderbar preußisch«, in: Gabriele
    Hartlieb (Hrsg.): *Eine Frau mit Zivilcourage und Zuversicht.
    Begegnungen mit Margot Käßmann.* Kreuz, Freiburg 2018, S. 107 ff.

25 Ebd., S. 12.

26 Reiner Kunze: »Rudern zwei«, in: ders.: *gespräch mit der amsel.*
    S. Fischer Verlag GmbH, Frankfurt am Main 1984. Mit freund-
    licher Genehmigung der S. Fischer Verlag GmbH, Frankfurt am
    Main.

27 Marie von Ebner-Eschenbach: *Aphorismen.* Gesammelte Schriften,
    Band 1, hrsg. von Verlag von Gebrüder Paetel, Berlin 1893.

28 Bettina von Arnim: *Die Günderode,* hrsg. von Elisabeth
    Bronfen,btb Verlag, München 1999, S. 331.

29 Sitzler, a.a.O., S. 82 f.

© privat

Sarah Wiesner, Jahrgang 1998, aufgewachsen in Aarbergen und Limburg, studiert Kommunikationsdesign in Darmstadt und liebt schöne Bücher. Pflanzen zu zeichnen, ist eine ihrer Leidenschaften.

© Julia Baumgart Photography

Margot Käßmann, Prof. Dr. theol., Dr. h. c., Jahrgang 1958, ist evangelisch-lutherische Theologin und Pfarrerin. Sie war von 1999 bis 2010 Bischöfin der evangelischen Landeskirche in Hannover und 2009/2010 Ratsvorsitzende der Evangelischen Kirche in Deutschland. Davor war sie Gemeindepfarrerin, Studienleiterin der Evangelischen Akademie Hofgeismar und Generalsekretärin des Deutschen Evangelischen Kirchentags. Von April 2012 bis Oktober 2017 wirkte sie als *Botschafterin des Rates der EKD für das Reformationsjubiläum 2017.* Seit dem 1. Juli 2018 ist sie im Ruhestand. Margot Käßmann ist Mutter von vier erwachsenen Töchtern und sechsfache Großmutter.

www.margotkaessmann.de

Der Verlag weist ausdrücklich darauf hin, dass im Text enthaltene externe Links vom Verlag nur bis zum Zeitpunkt der Buchveröffentlichung eingesehen werden konnten. Auf spätere Veränderungen hat der Verlag keinerlei Einfluss. Eine Haftung des Verlags ist daher ausgeschlossen.

FSC
www.fsc.org
MIX
Papier aus ver-
antwortungsvollen
Quellen
FSC® C014496

Originalausgabe November 2019
© 2019 bene! Verlag
Ein Imprint der Verlagsgruppe
Droemer Knaur GmbH & Co. KG, München.

Lektorat: Stefan Wiesner
Cover- und Innengestaltung: Maike Michel
unter Verwendung eines Fotos von Julia Baumgart
Illustrationen im Innenteil: Sarah Wiesner
Druck und Bindung: GGP Media GmbH, Pößneck
ISBN 978-3-96340-013-1

5   4   3